NOUVEAU THÉATRE

DES JEUNES PERSONNES

RECUEIL DE PETITS DRAMES ET DE COMÉDIES COMPOSÉS POUR
SES ÉLÈVES,

PAR M{ME} GUÉNOT-MORUANCHET

INSTITUTRICE.

~~~~~~~~

PARIS

LIBRAIRIE GUILLIER

Quai Saint-Michel, 19.

—

1858

PRÉFACE.

C'est pour mes élèves que j'ai composé ces petites pièces. Ce sont elles qui m'ont fourni les
quelques bons mots qui s'y trouvent. Les personnages ne sont pas imaginaires ; chaque caractère
a eu son original ; le bien et le mal, conservés
avec soin, me donnaient tous les ans un nouveau
sujet : c'était un bonheur pour mes élèves, pour
leurs parents, que la représentation de ces petites
comédies intimes, que j'ai tâché de revêtir d'un
cachet particulier, entièrement différent des ouvrages de ce genre. Elles m'ont aidée à enseigner
à mes jeunes filles le bon ton, les bonnes manières,
la distinction qui les rend charmantes ; j'exigeais
une diction pure, correcte, une prononciation
nette. Des artistes distingués, des gens de lettres,
m'ayant fait l'honneur de m'accorder leur assen-
timent, mes élèves surtout, ayant témoigné le désir de posséder ce Recueil, je me suis décidée à le

livrer à la publicité. C'est donc à vous, mes bien chères enfants, que j'ai dédié ce livre. Quel sera son sort? Votre désir seul est un succès pour moi. Plus tard vous le lirez à vos enfants, lisez-leur surtout *les Vocations*, pour les prémunir contre les fausses idées de la jeunesse. Enfin, que ce petit volume, conservé précieusement dans un coin de votre bibliothèque, vous rappelle, non pas l'institutrice, mais l'amie qui guida votre jeunesse, et qui vous considéra toujours comme ses filles bien-aimées.

Vᶜ **GUÉNOT**, née **Félicie MORVANCHET**.

Juin 1858.

LA

VEILLE D'UNE DISTRIBUTION DE PRIX.

PERSONNAGES.

DELPHINE, jeune orpheline. | ERMANCE.
ODILLE, coquette. | URANIE.
FRANCILIE. | LÉONTINE.
STÉPHANIE.

SCÈNE Iʳᵉ.

DELPHINE, ERMANCE, STÉPHANIE.

A gauche des spectateurs, Ermance et Stéphanie écrivent. A droite, Delphine lit.

ERMANCE.

As-tu bientôt fini ta carte ?

STÉPHANIE.

Dans un moment, et toi ton cahier ?

ERMANCE.

Me voici enfin arrivée à la dernière page. — Ouf ! que c'est fatigant !

STÉPHANIE.

Pendant que nous sommes ici à étudier, ces dames sont dans le salon qui préparent nos prix ;

si nous pouvions écouter, nous entendrions nommer les prix qu'on nous donne. Oh! je brûle de le savoir.

ERMANCE.

Ton indiscrétion est sans égale, c'est affreux ; renferme ta curiosité jusqu'à demain où notre sort sera décidé.

STÉPHANIE.

C'est encore long demain, il faudra jusqu'au dernier moment tout repasser, j'ai peur de tomber malade ; on nous fait travailler sans relâche depuis deux mois, je croyais qu'au moment des prix on ne faisait rien.

ERMANCE.

Enfant, ne vois-tu pas que c'est dans notre intérêt ; ne nous sera-t-il pas doux de recevoir des prix que nous aurons mérités ; aussi notre satisfaction sera bien grande en nous entendant nommer.

SCÈNE II.

Les Mêmes, FRANCILIE, ODILLE.

FRANCILIE.

Chère Odille, je ne me possède pas de joie ; c'est demain la distribution des prix, que je vais être heureuse !

ODILLE.

Qui te rend si certaine de ton bonheur? Toi qui n'as presque rien fait dans le courant de l'année, qu'espères-tu avoir? Sur quelle faculté as-tu exercé ton intelligence, si ce n'est sur la corde à sauter, et l'appétit avec lequel tu dévorais tes repas? S'il devait y avoir des prix de récréation et de digestion, je concevrais ton impatience, tu mériterais

deux prix d'excellence pour ces deux fonctions
dont tu t'occupes exclusivement.

FRANCILIE.

Que tu es méchante avec tes sarcasmes! Que
n'ai-je ton esprit pour te répondre! Il est vrai,
chez moi l'amour du jeu a absorbé l'amour du travail; mais c'est si joli le jeu! et le travail, c'est
si monotone! Au fait, ma jeune moraliste, tu me
prêches, et toi-même, quels sont tes titres pour
mériter plus que moi des récompenses?

TOUTES.

Oui, c'est vrai, ses titres?

ODILLE.

Mes titres? —Comptez-vous pour rien que bien
ou mal enfin je ne manque pas un devoir? Et puis...

TOUTES.

Et puis?

ODILLE.

Et puis je suis riche, et maman invite très-souvent à dîner les professeurs de cette pension. —
Comprenez-vous?

FRANCILIE.

Ah! oui, j'y suis. Pourtant, si cela était, ce serait injuste. Je veux éclairer mon jugement, et
Delphine la raisonnable qui maintenant est plon-
gée dans ses réflexions, va nous dire ce qu'elle
pense.

DELPHINE. (Elle se lève.)

Hélas! mes chères compagnes, que vous dirai-
je? Riches toutes deux, vous pensez que le travail
est inutile, et pourtant la cérémonie de demain a
pour but de nous encourager à étudier; les prix
seront la récompense du travail, et vous avouez
n'avoir rien fait!

SCÈNE III.

Les Mêmes, (Ermance et Stéphanie se lèvent.) URANIE et LÉONTINE entrent en sautant.

URANIE.

Voilà les grandes en conversation, je parie qu'elles donnent d'avance les prix ! Pour moi, ça m'est bien égal ce que j'aurai ou n'aurai pas ; pourvu que j'aille en vacances, c'est tout ce que je demande.

LÉONTINE.

Que tu es peu raisonnable de parler ainsi ! Moi je veux suivre l'exemple de Delphine, et savoir, comme elle, toutes sortes de jolies choses.

URANIE.

Tu appelles ce qu'on nous montre de jolies choses ! Oh ! que je les trouve ennuyeuses ! — Qu'a donc Francilie ? Ne dirait-on pas qu'elle fait tout ce qu'elle peut pour réfléchir ? Comme elle va être fatiguée !

FRANCILIE.

Mesdemoiselles, nous connaissons trop bien le savoir-vivre, vous êtes entrées en petites filles turbulentes, nous devions nous taire ; maintenant nous allons vous prier de laisser parler notre compagne Delphine qui commençait à nous ouvrir les yeux sur nos prétentions à des prix que nous aurons peu mérités, si l'indulgence de nos professeurs nous en accorde.

TOUTES.

Parle, Delphine.

ERMANCE.

Delphine, parle-nous. Oui, j'aime le travail ; mais je sens que j'ai besoin d'être encouragée, je compte sur toi pour redresser mon jugement.

URANIE.

Moi, je n'ai rien à redresser du tout.

STÉPHANIE.

Ni moi non plus.

DELPHINE.

Devrais-je, mes chères compagnes, acquiescer à votre demande, et des paroles sorties d'une jeune bouche pourront-elles vous influencer?

TOUTES.

Oui, oui.

LÉONTINE, s'approchant de Delphine.

Oui, bonne amie, parle-leur, ton âme trempée dans le malheur te fera trouver des paroles persuasives.

ERMANCE, s'approchant aussi de Delphine.

A ceux qui ont souffert Dieu a donné l'éloquence de l'âme pour convaincre les autres. Parle-nous, nous te croirons.

DELPHINE.

Eh bien! je vais vous satisfaire. Et d'abord, permettez-moi de vous dire que vous affectez en ce moment des sentiments que vous n'avez pas, et je vous le prouverai. Voulez-vous savoir où j'ai puisé ce désir de m'instruire? Le voici : Pauvre orpheline, sans appui, sans famille, privée dès mon enfance des caresses d'une mère, je me suis trouvée si isolée, je sentais en moi un vide si grand que j'en ai été effrayée ; alors j'ai demandé à Dieu qu'il me vînt en aide. Dieu me donna l'amour du travail, et c'est en étudiant que je me suis consolée de mon isolement. Isolement affreux!... Jeune fille sans mère!... Hélas! quoi de plus pénible?

ERMANCE, s'approchant de Delphine.

Pauvre Delphine, ne te laisse point aller à tes réflexions tristes.

TOUTES.

Continue.

DELPHINE.

Oui, l'étude, ce mot qui vous fait trembler, cause de grandes jouissances à ceux qui s'y livrent.

ODILLE.

Delphine, pour toi qui souffrais, je comprends que tu te sois passionnée pour les sciences ; mais pour celles dont la vie est douce, qui peuvent se donner tant de plaisirs, pourquoi se captiveraient-elles? Que leur fera le travail?

STÉPHANIE.

J'approuve Odille. Au fait, à quoi bon se donner tant de mal.

ERMANCE.

Et moi, je ne t'approuve pas du tout.

LÉONTINE.

Ni moi non plus.

DELPHINE.

Le bonheur et la fortune, mes bonnes amies, ne durent pas toujours. Aujourd'hui le riche est dans la joie, demain peut-être il sera dans la douleur et dans les larmes.

FRANCILIE.

Mon Dieu, Delphine, que tu parles bien! Il me semble déjà que je regrette ma légèreté passée.

URANIE.

Bah! bah! Tout cela ce sont des bêtises.

LÉONTINE.

Garde tes réflexions pour toi, Uranie, et laisse-nous profiter.

DELPHINE.

Je suppose que vous conserviez toujours votre
position, que jamais le malheur ne vous atteigne;
destinées à vivre dans le monde, ne devez-vous
pas en faire l'ornement?

ODILLE.

La toilette, ce me semble, nous en donne les
moyens. Une femme bien mise est tout pour moi,
et j'avoue que je n'avais jamais songé qu'autre
chose que la toilette pût nous faire briller.

URANIE.

Moi, j'ai entendu dire à mon oncle Nicolas,
qu'un monsieur qui faisait des comédies sous un
roi,... dont je ne me rappelle pas le nom, préten-
dait qu'une femme en savait toujours assez quand
elle raccommodait le linge de son mari et soi-
gnait son pot-au-feu.

STÉPHANIE.

Ma tante Ursule dit tout cela aussi.

DELPHINE.

Oh! mes amies, que cette erreur est grande!
Est-ce qu'une femme instruite ne peut pas de
même vaquer aux soins du ménage? Elle s'acquit-
tera au contraire de ses devoirs avec intelligence,
sans embarras, et pourra diriger elle-même l'é-
ducation de ses enfants. Dites, chères compagnes,
que ce que vous éprouvez aujourd'hui est un ma-
laise provenant de l'inquiétude que vous cause
l'attente de votre sort. J'ai partagé vos travaux;
je vous ai vues animées et appliquées aux différents exercices que nous avons faits ensemble,
à part quelques légers écarts, dans lesquels vous
ne retomberez plus; mais toutes, toutes, vous aimez l'étude.

FRANCILIE.

Oui. Que c'est intéressant, que c'est beau d'étudier l'histoire Sainte! L'obéissance d'Abraham, le dévouement de Ruth, la vie de notre aimable Sauveur, tous ces sujets que l'on nous donne à traiter en composition forment notre esprit et notre cœur.

ODILLE.

Comme les beaux faits d'histoire ancienne et d'histoire romaine, ils ont inspiré nos peintres et nos poètes.

ERMANCE.

Moi, je veux, comme les grandes, apprendre l'histoire, afin qu'en allant au Louvre ou au Musée de Versailles, je puisse deviner les sujets sans le secours du livret.

URANIE.

Et tu feras bien d'apprendre tes chiffres, car, l'autre jour te trompant de numéro tu as lu : « Une corbeille de fleurs », et c'était le portrait de Louis XI.

LÉONTINE.

N'interromps plus, Uranie, cela commence à m'intéresser.

STÉPHANIE.

Et moi aussi.

DELPHINE.

Récapitulez encore ce que vous faites, et vous verrez que rien de tout cela ne vous a ennuyées.

FRANCILIE.

Nos styles, quelle émotion nous éprouvons quand on les lit!

ODILLE.

Et les problèmes d'arithmétique, par l'unité, par les proportions!

ERMANCE.

Et les dictées de Sorbonne, les verbes en con-
cordance, les exercices français !

LÉONTINE.

Quel bonheur les jours d'examen général !

FRANCILIE.

Et les voyages où nous dépeignons les monu-
ments, où nous parlons des productions du pays
que nous parcourons, des grands hommes qui y
sont nés !

ODILLE.

Ah ! Je commence à croire que Delphine a raison.

FRANCILIE.

Et moi, je la crois entièrement à présent.—
Pourtant, Delphine, je n'ai pas fini mes questions :
explique-moi pourquoi Odille est sûre d'avoir des
prix parce qu'elle est riche et que sa mè......

ODILLE l'interrompant.

Paix ! Francilie... Oublie ces paroles inconsi-
dérées que je voudrais n'avoir jamais prononcées.
J'ai commis une faute bien grave, puisqu'elle m'a
fait oublier la reconnaissance que je dois à mes
maîtresses, au point de les avoir accusées d'une
bassesse dont certes elles sont incapables. — Ici,
mes bonnes amies, remercions Delphine de ses
bons conseils, devenons meilleures, et prenons
pour devise : humilité, modestie, travail.

STÉPHANIE.

Ce que Delphine vient de dire, me fait réfléchir... Curieuse, bavarde, paresseuse... et qui
sait?... Peut-être encore bien d'autres choses ! —
J'étais tout cela !... Oh ! je ne veux plus l'être !

LÉONTINE.

Et tu feras bien.—Merci, Delphine, ton exemple m'avait déjà donné envie de le suivre ; tes paroles d'aujourd'hui achèveront ce qui me manque.

URANIE.

Comment!... Toutes vous voulez changer?... Mais puisque vous me prouvez que ce n'est pas une bêtise de s'instruire, je vais faire comme vous. (A part.) C'est égal, je crois que je regretterai le jeu et que j'aimerais mieux rester bavarde.

DELPHINE.

Vos bonnes résolutions me touchent. Quoi ! J'ai pu vous convaincre ! Ah ! vienne l'année prochaine et Dieu aidant, nous aurons toutes des succès, et vous rendrez heureuses vos familles !... vos mères. (Tristement.) Vos mères !... Hélas, seule je n'en ai pas ! Mais toutes à l'envi, nous tâcherons que nos maîtresses soient fières de nous. Croyez-moi, c'est la plus douce récompense que nous puissions leur offrir pour les peines que donne l'éducation. Métier pénible que celui d'instituteur, et que la reconnaissance seule dédommage et satisfait.

ODILLE.

Mesdemoiselles, je vais vous faire une proposition : Devant nos parents et nos maîtres réunis, promettons à ceux-ci soumission et reconnaissance, à ceux-là, de faire tout ce qui dépendra de nous pour être dignes d'eux.

TOUTES (étendant le bras.)

Nous le promettons.

DELPHINE.

Puissions-nous réaliser ces promesses ; en attendant, allons nous préparer à la cérémonie de demain.

LE

PRIX D'HONNEUR.

PERSONNAGES.

ARMANTINE.	STÉPHANIE.
LUCIE.	HENRIETTE.
CAROLINE.	MARIE.
URANIE.	CLAIRE.

SCÈNE Iʳᵉ.

HENRIETTE, seule, assise.

Dans une heure la cérémonie va commencer!
Pour la première fois, je vais voir une distribution de prix à Paris. J'éprouve une indicible émotion!... Si j'allais être nommée!... Une fois seulement!... Mon Dieu, qu'elles seront heureuses
celles qui auront les premiers prix!... Le prix
d'honneur surtout. Ah! éloignons de ma pensée
tout sentiment d'envie... C'est par le travail qu'on
obtient ce prix tant désiré. Je recevrai avec joie
le faible encouragement que mon application m'a
mérité et je me promets bien de tout faire pour
avoir un jour cette haute récompense.

SCÈNE II.

HENRIETTE, puis MARIE qui l'écoutait.

MARIE.

Et moi aussi.

HENRIETTE.

Ah ! tu étais là, Marie.

MARIE.

· Je n'ai pas voulu interrompre ton monologue. Tu as raison ; comme le cœur doit battre en entendant prononcer son nom ; mais hélas ! que c'est triste quand on n'a rien. (Elle s'assied.) Voilà comme nous sommes : étourdies, paresseuses, indifférentes toute l'année, et puis quand le moment des prix arrive, nous avons mille regrets.

HENRIETTE.

Tu dis nous à tort, Marie. Depuis peu de temps dans cette pension je n'ai pas encore l'habitude des études sérieuses ; mais j'espère bien que je me distinguerai l'année prochaine.

MARIE.

Tu es heureuse de pouvoir dire cela !... Je ne me comprends pas, je voudrais bien apprendre. Lorsque j'entends lire un devoir, une composition, je me dis : Ah ! si j'en faisais autant ! Je prends de bonnes résolutions et quand j'ai devant moi une feuille de papier blanc, je ne sais comment la remplir, je me décourage de suite. Si j'avais une amie qui me guidât... Eh bien ! je crois que je parviendrais.

SCÈNE III.

Les Mêmes, CAROLINE, URANIE, STÉPHANIE, CLAIRE
entrent en sautant. Henriette et Marie se lèvent.

CLAIRE.

Vous voilà déjà arrivées... Aviez-vous peur que l'on ne commençât sans vous ! Soyez tranquilles nous avons le temps, on range la salle et nos maîtresses ne sont pas encore habillées.

MARIE.

Nous savions ne pas être en retard ; mais nous voulions causer un peu pour nous mettre au courant.

CAROLINE.

Elles ont raison, elles n'y étaient pas l'année dernière ni moi non plus. Voyons, vous autres anciennes, dites-nous si ce sera joli et qui aura les premiers prix.

URANIE.

Joli... Oui ce ne sera pas mal ;... mais amusant,... non, pour celles qui n'ont pas beaucoup travaillé.

STÉPHANIE.

Oh ! oui, c'était joli et surtout encourageant. Nous avons toutes promis de nous distinguer par le travail, et je crois que nous avons tenu parole.

URANIE.

Oui, elles ont promis, juré qu'elles travailleraient, j'ai promis et juré comme les autres. — Cela m'a même contrariée, je n'ai plus trouvé personne pour faire des niches. Lorsque je voulais mettre des papiers dans le chapeau du professeur, celle à qui je me confiais me disait : « On ne fait plus cela maintenant, les maîtres ne punissent plus, on ne doit pas leur faire de sottes plaisanteries. »

CLAIRE.

Oui, tu t'en prenais à tes compagnes, tu voulais encore griffonner nos cahiers.

URANIE.

J'ai donc été forcée de rester tranquille. — Mais bah ! C'est trop dififcile à retenir tout ce qu'on nous montre. On se donne un mal, un mal.

CAROLINE.

Oh ! Uranie, que dis-tu là !... Moi ma devise est :

Vive l'étude, — et les heures de récréation! Tiens, quand j'ai bien joué, je me sens fatiguée; mais avec quel bonheur je retourne au travail! Une bonne place au concours, y a-t-il un jeu plus joli que celui-là?— Et lorsque, nous autres perrettes, comme nous appelle Madame, nous avons fait quelque chose d'aussi bien, et même quelquefois mieux que celles qui sont grandes; — c'est ça une joie!

MARIE.

Tu as de l'entrain, Caroline, tu es contente de tout; au travail comme au jeu, tu es de bonne humeur. La crainte de mal faire m'ôte mes moyens. Oh! je voudrais n'avoir plus peur.

STÉPHANIE.

Non, Marie, n'aie pas peur. C'est un si grand bonheur de gagner des places. D'ailleurs si nous travaillons on nous laisse jouer aussi, seulement on ne veut pas que ce soit à des jeux bêtes.

URANIE.

Des jeux bêtes! — Tu ne pourrais pas en inventer de ces jeux bêtes là.—C'est étonnant comme vous m'avez embrouillé les idées. Lorsque je vais voir ma cousine à Pontoise, elle invite exprès à dîner M. le maire pour rire de ce que je dis, et ma tante de Saint-Germain-en-Laye disait l'autre jour à maman : « Que votre petite Uranie est espiègle! » Loin de vous on me trouve de l'esprit, avec vous je n'en ai pas.

HENRIETTE.

A-t-on de l'esprit à ton âge, Uranie! On te flatte au dehors, on t'instruit ici, voilà tout.

CLAIRE.

Cette pauvre Uranie! A-t-elle de la peine à se corriger.   Uranie veut parler.

CLAIRE, continuant.

Ah! je sais ce que tu veux dire, qu'il n'y a pas encore bien longtemps que j'étais comme toi. Enfin, je suis plus sage à présent et je veux l'être toujours.

SCÈNE IV.

LES MÊMES, ARMANTINE, LUCIE.

LUCIE.

En vérité, chère Armantine, ta tristesse me confond. Quoi! Dans une heure nous allons recevoir la récompense de nos travaux, et te voilà pensive, réfléchie. — Qu'as-tu?

ARMANTINE.

Ne me le demande pas, tu me croirais peut-être envieuse, et si tu le pensais j'en serais désespérée.

URANIE.

Je le sais bien moi ce qu'elle a, et surtout ce qu'elle n'aura pas.

CAROLINE.

Ah, oui! — Le prix d'honneur, le prix d'excellence, tous les beaux prix enfin.

ARMANTINE.

Tu le vois, amie, elles ne me comprennent pas.

LUCIE.

Laisse-les dire; tout-à-l'heure nous les évincerons sur un motif quelconque, et alors je veux, oui je veux que tu me confies ton chagrin.

Pendant qu'Armantine et Lucie se parlent, les autres causent entr'elles.

CLAIRE.

Dieu! que c'est joli un prix d'honneur! Mais que de mal il faut se donner!

URANIE.

Ne te tourmente pas, tu ne l'auras pas, tu es trop paresseuse.

CLAIRE.

Dis : trop jeune, trop petite ; mais tu verras si je ne l'ai pas un jour.

CAROLINE.

Moi, je ne veux pas du prix d'honneur, quand je serai grande. On dit qu'on n'est appelée qu'une fois, et je veux avoir au moins dix nominations.

STÉPHANIE.

Tu dis cela parce que tu ne sais pas ce que c'est ; tu en auras envie l'année prochaine, sois-en sûre. Moi je voudrais grandir vite, vite et voir fuir le temps pour savoir si je serai digne de cette récompense que j'ambitionne.

LUCIE.

Il me semble que j'entends du bruit dans le salon, allez donc voir si tout est bientôt prêt.

CAROLINE.

Oui, nous comprenons ; manière honnête de nous dire : Allez-vous-en.

LUCIE, s'approchant d'Henriette.

Retiens-les un peu dans la salle ; il faut que je parle à Armantine.

HENRIETTE.

Sois tranquille, je vais piquer leur curiosité.

URANIE.

Allons, allons voir ce qui se passe.

TOUTES, en sautant.

Oui, allons, allons.

SCÈNE V.

LUCIE, ARMANTINE.

Lucie regarde sortir ses compagnes ; puis, elle prend une chaise, fait signe à Armantine d'en prendre une. Elles s'asseyent.

LUCIE.

Enfin, nous voilà seules. — Dis-moi tes peines, chère Armantine. A notre âge, déjà l'amitié devient sérieuse ; compagne, émule, amie, je suis tout cela pour toi. Dis, dis-moi ce qui t'attriste, j'ai la conviction que je trouverai des paroles pour te consoler.

ARMANTINE.

Que ton amitié me touche, bonne Lucie ! Oh ! ce serait mal à moi de ne pas y répondre, et je vais dans ces courts instants qu'il nous est donné d'être ensemble, te confier mon chagrin.

LUCIE.

Parle, je t'écoute, ouvre-moi ton cœur. Je ne suis plus la jeune fille coquette, indifférente de l'année dernière ; mes études, ma première communion surtout m'a rendue réfléchie. Allons, dis vite, j'ai hâte de connaître ton chagrin.

ARMANTINE.

Eh ! bien, Lucie, — c'est que je n'aurai ni le prix d'honneur, ni un prix d'excellence !...

Lucie fait un mouvement.

ARMANTINE, continuant.

Oh ! ne me juge pas mal, entends-moi jusqu'au bout. — Tu sais que mon père, pour m'assurer un avenir, consentit à s'expatrier. — C'était l'année dernière, j'avais treize ans. Ma mère et moi, nous l'accompagnâmes jusqu'au port. Au moment de s'embarquer, il me prit dans ses bras et me dit :

« Mon enfant, ma fille unique, c'est pour toi que
je pars, je vais te chercher une fortune; mais...
promets-moi que je te retrouverai instruite; » et
des larmes coulaient de ses yeux. Alors je lui dis:
« Bon père, sois tranquille, je serai digne de toi,
je veux te rendre fier. — J'y compte, ajouta-t-il. »
Puis, un signal partit du navire, il s'arracha de
nos bras, monta à bord. Nous ne le perdîmes pas
de vue. « Adieu, nous cria-t-il ! — Non, non, au
revoir, lui dis-je. » Le navire s'éloigna lentement
d'abord, une jolie brise le poussa... Peu à peu il
se perdit dans l'espace... Nous ne vîmes plus
qu'un point à l'horizon... Et puis rien, c'était fini,
l'Océan nous séparait. (Armantine et Lucie se lèvent.)
Brisées de douleur, nous rentrâmes, ma mère et
moi, et, pour adoucir le chagrin de cette bonne
mère, je lui promis de m'appliquer et de m'instruire. — Une année s'est écoulée, je me suis ap-
pliquée, j'ai fait ce que j'ai pu, et je ne pourrai
pas écrire à mon père que j'ai remporté le prix
d'honneur. Oh! je suis désespérée! Que va-t-il
penser! Voilà, voilà, Lucie, ce qui cause mon
chagrin.

LUCIE.

Je comprends ta douleur, chère Armantine.
Séparée d'un père que tu aimes, tu aurais voulu
lui donner cette année une grande satisfaction. Il
n'y a pas de ta faute, redouble d'efforts, une année est si vite passée.

ARMANTINE.

Dans mon enfance, j'étais étourdie, paresseuse,
je ne comprenais pas toute l'importance de l'é-
tude. Que de temps j'ai perdu! Mon Dieu, le rat-
traperai-je jamais!

LUCIE.

Rattraper le temps perdu ! Tu le peux facilement.—Amie, reprends courage, ne te laisse point aller à un abattement qui t'ôterait toute inspiration. Moi aussi, je voulais me désespérer : j'étais coquette, orgueilleuse, vaine, que sais-je enfin ! J'avais tous les défauts qui font une mauvaise élève. Tu connais la maxime de notre maîtresse : « Il n'y a pas de difficulté que l'on ne puisse vaincre avec la volonté. » Je l'ai pesée, réfléchie, cette maxime, et je me suis dit : « Essayons et voulons. » J'ai essayé, j'ai voulu, — et je crois que je n'ai pas mal réussi.

ARMANTINE.

Heureux caractère ! Charmante compagne ! Je veux désormais me laisser guider par toi ; tu es plus jeune, — n'importe, tu m'as vaincue.

LUCIE.

Vraiment?—Que je suis heureuse ! Vois un peu, si tu ne t'étais pas confiée à moi, comme le chagrin se serait emparé de ton cœur ! Et tu ne m'y aurais pas laissé une petite place dans ce cœur que j'aime tant ! Travailler, concourir ensemble, se confier ses petites peines, ses plaisirs, désormais telle sera notre vie. — J'entends nos compagnes qui reviennent, ne leur fais pas voir un visage triste. Allons, ta main en signe d'alliance, et puis souris. — Là !... c'est bien. — Je suis contente de toi.

SCÈNE VI.

Les Mêmes, HENRIETTE.

HENRIETTE.

Je les ai retenues le plus possible ; maintenant

elles veulent revenir. Elles ont deviné qui avait le prix d'honneur et le prix d'excellence, et brûlent de vous faire part de leurs observations.

SCÈNE VII ET DERNIÈRE.

ARMANTINE, LUCIE, HENRIETTE, MARIE, CAROLINE, URANIE, CLAIRE, STÉPHANIE.

STÉPHANIE.

Tout est prêt. — Ah ! que c'est joli ! — Et puis, tu ne sais pas, Lucie : c'est Léontine qui a le prix d'honneur.

LUCIE.

Je l'aurais deviné. Que de choses elle sait. — Première en tout,... hors de concours. — Elle l'a bien mérité.

CLAIRE.

Et puis, je sais aussi qui a le prix d'excellence.

URANIE.

Ce n'est pas toi, n'est-ce pas ?

CLAIRE.

Mais, — ni toi non plus.

ARMANTINE.

Comment ont-elles pu savoir ?...

CAROLINE.

Rien de plus facile ; je me suis faufilée dans l'endroit où sont les livres, j'ai regardé les étiquettes, et j'ai vu qui avait ces beaux prix-là.

URANIE.

C'est drôle, je n'ai pas vu cela.

CLAIRE.

Je crois bien, tu étais dans l'office à manger les confitures de Madame.

CAROLINE.

C'est Lucie qui a le prix d'excellence,

LUCIE.

Moi.

TOUTES.

Oui, toi.

ARMANTINE, avec affection.

Oh ! que j'en suis heureuse !

STÉPHANIE.

Chère Lucie, tu me donneras ton secret.

LUCIE, souriant.

Mon secret?

TOUTES.

Oui, dis-nous ton secret.

LUCIE.

Le voici : j'écoute, j'obéis, j'étudie, je me donne de la peine ; quand je travaille la géographie, je ne pense pas à la grammaire, quand je travaille l'arithmétique je ne pense pas au jeu. — Voilà, mes amies, le moyen de réussir.

STÉPHANIE.

Je vais essayer de ce moyen, en effet je crois que je ne réfléchis pas assez.

MARIE.

Vous me faites trembler; vous savez pour ainsi dire les prix que vous allez avoir. A ma pension ce n'était pas de même.

CAROLINE.

Ni à Vannes non plus. Voici comment on faisait : celles dont les parents occupaient un rang dans la ville avaient les premiers prix, et aux autres on donnait indistinctement des prix d'histoire et de géographie.

CLAIRE.

Ah bien ! ici ce n'est pas comme cela, il faut travailler. Moi, il y a un an, je m'étais imaginé

2

que je ne devais rien faire : je causais, je dissipai
mes compagnes. — J'ai été bien attrapée, je n'a
pu concourir qu'avec des enfants. Aussi cette année, j'ai travaillé, et quelque chose me dit que je
serai contente.

MARIE.

Que je voudrais être une des préférées de Madame.

STÉPHANIE.

Je suis persuadée que tu gagneras des places
quand tu voudras, et l'on t'aimera bien certainement.

HENRIETTE.

Lucie, quelle joie ta mère va éprouver ! Quand
donnerai-je à la mienne cette douce satisfaction.

URANIE.

Es-tu consolée, Armantine ?

ARMANTINE.

Consolée, non, car je suis votre aînée ; — me
résignée, encouragée, oui ; je vous le prouvera
en vous donnant l'exemple du travail et de la soumission. S'il en est parmi nous qui ne puisse malgré ses efforts obtenir plus tard le prix d'honneur,
car il n'est pas donné à tout le monde d'arriver là,
qu'elle prenne courage en pensant que son travail
ne sera jamais perdu.

STÉPHANIE.

On va commencer, ne nous faisons pas attendre. Ah ! quel beau moment !

CLAIRE.

Voyons si j'aurai mon prix de géographie.

CAROLINE.

Et moi celui de composition.

HENRIETTE.

Un simple encouragement, et je serai satisfaite.

MARIE.

Comme je vais m'appliquer maintenant!

LUCIE.

Ma mère, tu vas être heureuse! et je te promets que je n'en resterai pas là.

ARMANTINE.

A l'année prochaine, mon père, mes succès?

URANIE. (Elle s'avance au milieu de la scène.)

Quel prix va-t-on me donner?... Les maîtresses doivent être bien embarrassées. — Bah! ce sera pour l'année prochaine. — Vous verrez, je serai plus grande, et je serai tout-à-fait raisonnable.

UNE

BONNE JOURNÉE.

PERSONNAGES.

Melle REINE.	Pensionnaires.
HENRIETTE.	EUPHRASIE.
ROSALIE.	JULIA.
CORNÉLIE.	MARIE, 1re petite.
ADOLPHINE.	MARIE, 2e petite.
PAULINE.	ALEXANDRINE.
CLAIRE.	JOSÉPHINE.

SCÈNE Ire.

LES JEUNES FILLES jouent.

Une, deux, trois. — Non, ce n'est pas en mesure. — A toi. — A moi. — Ah! la maladroite.

CORNÉLIE.

Qu'elles sont heureuses de jouer ainsi!

CLAIRE.

Qui t'en empêche? viens près de nous, Cornélie.
Pourquoi ne partages-tu pas nos jeux?

PAULINE.

C'est vrai; tu es d'une tristesse à désespérer
l'empereur de la Chine lui-même.

CORNÉLIE.

Jouez, mes amies, ne faites pas attention à moi;

je vais finir cette tapisserie. (A part.) Ah! mon Dieu, elles me serrent le cœur.

1re PETITE.

Laissez-nous sauter maintenant.

ALEXANDRINE.

Non, non ; tant pis pour vous.

2e PETITE.

Mais vous prenez toute la place.

ADOLPHINE écrivant.

Taisez-vous donc, petites filles. Est-ce qu'on prend une récréation si longue quand on se prépare à une distribution de prix qui doit avoir lieu dans quinze jours.

JULIA.

Ah! elle nous appelle petites filles ; voyez donc le grand personnage.

ADOLPHINE.

Certainement vous n'êtes que des petites filles ; vous ne pensez qu'au jeu. En vérité je ne puis m'empêcher de rire de votre susceptibilité, pauvres petits enfants qui savez à peine vos lettres.

1re PETITE.

Mademoiselle, vous vous trompez ; je sais mon a, b, c, d, par cœur sans manquer un mot.

TOUTES.

Ah!... ah!...

CLAIRE.

Comme tu es devenue raisonnable depuis ta première communion.

ALEXANDRINE.

Ah! si cela était, comme Claire aurait besoin d'aller au catéchisme !

PAULINE, haussant les épaules.

Laisse donc, elle se donne de l'importance ; elle

n'est pas plus raisonnable que nous, seulement elle est de mauvaise humeur. (Tout bas.) Je crois qu'elle est en retenue.

CLAIRE.

Bah ! tu crois.

PAULINE.

C'est très-possible.

CLAIRE.

Tu te trompes, tu es toujours espiègle ; tu n'as pas changé ; je vais me mettre à côté de Cornélie : elle est triste, je lui tiendrai compagnie.

PAULINE.

Moi, je vais m'occuper de choses sérieuses.

En passant elle attrape la corde et les volants, fait des révérences derrière ses compagnes, etc.

Toutes poussent des cris différents.

ADOLPHINE.

Ce tapage est infernal, il n'y a vraiment pas moyen de travailler.

EUPHRASIE.

Nous nous amusions bien, Pauline a tout dérangé.

PAULINE.

Allons, allons ! Je vous ai rendu service ; la fatigue vous gagne, vous n'en pouvez plus, c'est assez jouer.

1re PETITE.

Que peut-on faire à notre âge ?

ADOLPHINE.

Croyez-vous qu'on ne puisse s'amuser qu'en sautant, criant, faisant mille gambades ? On cause. D'ailleurs j'ai trouvé un moyen ; je me charge de vous désennuyer.

TOUTES.

Voyons ton moyen.

ADOLPHINE.

Nous allons nous exercer à réciter les compositions que nous avons faites, et nous les jugerons entre nous.

ALEXANDRINE.

Quelle bonne idée! De cette manière nous nous assurerons si le jour des prix on ne nous fait pas quelque injustice.

JOSÉPHINE.

Te voilà bien, esprit soupçonneux et défiant; croyant toujours à l'injustice des maîtresses, parce que tu ne veux pas te donner de peine, et que tu es tout étonnée, lorsqu'arrive un concours, de te trouver la dernière.

CLAIRE.

Allons, allons, de l'indulgence. Alexandrine n'a pas encore vu de solennité comme celle que nous verrons bientôt. Je suis sûre qu'avant peu elle changera d'avis.

SCÈNE II.

Les Mêmes, HENRIETTE, ROSALIE.

ROSALIE.

Qu'est-il donc arrivé de grave? Tous les jeux sont suspendus, nos jeunes compagnes sont sérieuses, et la spirituelle Adolphine est pensive comme un général qui combine un plan de bataille, ou comme un astronome mesurant la queue d'une comète.

HENRIETTE.

Moi, je ne suis pas de ton avis, je ne leur fais pas tant d'honneur, cela blesserait leur modestie; ces enfants me font l'effet de tristes victimes sur lesquelles une mère Fouettard a fait l'application de l'ancien système.

TOUTES, avec indignation.

Ah ! quelle horreur !

PAULINE.

Elles nous parlent d'ancien régime et de mère Fouettard, parce qu'elles ne sont plus jeunes, et que dans leur enfance, — (elle fait le signe de fouetter) vous comprenez, au lieu que nous, est-ce que nous connaissons cela ?

ROSALIE.

Enfin, peut-on savoir ce qui vous occupait à notre arrivée ?

ADOLPHINE.

Le voici.

JULIA.

Et si elles se moquent de nous, cela me fera pleurer : je ne veux pas.

EUPHRASIE.

Ni moi non plus. Non, non, ne leur dites pas.

ADOLPHINE.

Pourquoi pas ? Elles seront aussi de la partie.

JULIA.

Eh bien ! si elles se moquent, nous nous moquerons.

PAULINE.

Vous avez tort ; leurs compositions doivent être mieux que les nôtres, que la mienne surtout, cela nous donnera des idées.

1re PETITE.

Je n'ai pas besoin de rien répéter. Je suis la nièce à les sœurs de maman, et j'aurai beaucoup de prix.

2e PETITE.

Ah ! comme elle parle bien ! Tu auras le prix d'orthographe.

HENRIETTE.

Nous dira-t-on enfin ce qu'on se disposait à faire?

ROSALIE.

Allons, orateur de cette troupe enfantine, quel projet formais-tu?

ADOLPHINE.

Voilà. Nous allions lire nos compositions, nos fables, ce que nous savons enfin ; pour nous applaudir si nous le méritons, et nous critiquer au besoin.

HENRIETTE.

Mais c'est très-bien imaginé ; (à Rosalie) qui nous empêche de nous joindre à nos compagnes pour connaître le jugement qu'elles portent sur nos travaux, peut-être en recueillerons-nous quelque fruit.

ROSALIE.

Allons chercher nos compositions.

ADOLPHINE.

Et nous, Mademoiselle Reine qui nous guidera pour cette répétition.

PAULINE.

Je ne sais pas si je produirai beaucoup d'effet, c'est égal, allons toujours.

TOUTES.

Allons, allons.

SCÈNE III.

CORNÉLIE, seule. (Elle les regarde partir.)

Allez, joyeuses jeunes filles, préparez-vous au succès ; pour moi je reste seule ici avec mes regrets. Ah ! respirons un peu. —La contrainte que je suis obligée de m'imposer, me fait un mal affreux. Relisons cette lettre, et voyons si peut-être je n'y trouverai pas une consolation. (Elle lit.) «Ma chère

2.

fille. Une affreuse catastrophe vient renverser notre fortune ; il est impossible de te donner dans cette lettre les détails de cet événement, tu connaîtras assez tôt l'horreur de notre position ; seulement, tu dois penser que nous ne pouvons plus te laisser à la pension ; juge de nos regrets, nous qui avions formé de si beaux plans pour ton éducation !... Je viens d'écrire à Madame, je n'ai pas le courage de t'en dire davantage ; bientôt ta mère viendra te chercher. Adieu, chère enfant, je t'embrasse. » Ainsi, il faut quitter la pension au moment où j'allais être heureuse, au moment où mes progrès allaient me procurer de douces récompenses. Ah ! ce n'est pas tout cela qui me cause du chagrin. Que vont devenir mes pauvres parents ? comment supporteront-ils ce coup affreux ? Si je pouvais leur être utile ! Je suis si jeune, je ne serai pour eux qu'un embarras. Mon Dieu, mon Dieu ! que ne suis-je plus grande ; que n'ai-je achevé mon éducation ! Heureux moments passés ici, restez toujours dans la pensée de la pauvre Cornélie. Travail que j'aimais tant, riant avenir, il n'est plus de bonheur pour moi ! — J'entends mes compagnes, cachons-leur ma tristesse. Hélas ! je ne sais pas encore souffrir. Mon Dieu ! donnez-m'en la force.

SCÈNE IV.

Les petites filles entrent en ordre, ayant à leur tête Melle REINE.

REINE.

Çà, voyons, mesdemoiselles, de la gravité, du maintien, que chacune fasse valoir son travail en le répétant d'un ton convenable.

Ici commenceront les répétitions. — Lorsqu'elles sont terminées :

REINE.

C'est bien, mes enfants, je suis contente de vous, vous vous êtes appliquées, aussi vous serez récompensées.

HENRIETTE.

Adolphine a eu une excellente idée. Cet exercice a été d'un joli effet. Comme nos parents vont être contents ! Dans ces solennités qu'ils sont délicieusement émus. Ils voient nos progrès, ce que nous avons fait, ce que nous pouvons faire ; notre imagination se tempère dans les recherches historiques, notre style s'épure, ce que nous retirons de ce travail nous profite pour l'avenir ; enfin, ce que j'éprouve un jour de distribution de prix est inexplicable, toute l'année j'y pense constamment, j'attache une telle importance à ce qu'on nous fait faire, que pour rien au monde je ne voudrais manquer la classe.

ADOLPHINE.

Je te trouve un peu exagérée, tu es toujours la première arrivée, tu as poussé le zèle si loin, que souvent tu as manqué des parties de plaisir ; je veux bien travailler, mais franchement, je n'admets pas tant de rigueur.

ROSALIE.

Moi je pense comme Henriette, je trouve que pour être aimable et être aimée, il faut être instruite, et pour s'instruire il faut bien employer son temps.

PAULINE.

Ceci va devenir savant, par conséquent ennuyeux, vous n'y comprenez rien, n'est-ce pas ? ni moi non plus ; eh bien ! allons dans le jardin.

TOUTES.

Dans le jardin.

REINE.

Ne les perdons pas de vue.

SCÈNE V.

HENRIETTE, ROSALIE.

ROSALIE.

Enfin, voilà notre éducation bientôt achevée, cette année, l'année prochaine au plus tard, nous ne nous occuperons plus de nos livres, nous allons, comme on dit, faire notre entrée dans le monde. Il me semble que je respirerai plus librement.

HENRIETTE.

Comment, tu quitterais déjà la pension? Mais chère amie, nous n'aurons pas fini cette année.

ROSALIE.

N'importe, j'en saurai bien assez, d'ailleurs ce n'est pas moi qui aurai le prix d'honneur, ce sera probablement toi.

HENRIETTE (vivement).

Moi, ah! je ne l'espère pas; ta modestie t'aveugle, tu sais bien que cette récompense t'appartient. On ne nous a pas, il est vrai, initiées aux mystères de la distribution de prix, mais on sait toujours à peu près.

SCÈNE VI.

LES MÊMES, Mlle REINE.

REINE.

Ah! vous voilà, mesdemoiselles; ne vous voyant pas dans le jardin avec vos compagnes, je suis venue savoir ce qui vous empêchait de vous joindre à elles.

HENRIETTE.

Mon Dieu! rien, Mademoiselle Reine, les enfants nous avaient étourdies avec leurs jeux bruyants, et nous restions pour jouir un peu dans l'intimité des douceurs d'une conversation amicale. (Mlle Reine sourit). Quoi! cela vous fait rire, vous ne croyez pas à notre amitié?

REINE.

Amitié de pensionnaire, amitié de papillon qui ne peut pas se fixer.

ROSALIE.

Vous êtes incrédule en affections, Mademoiselle Reine, ce n'est pas bien.

HENRIETTE.

Pouvez-vous au moins nous expliquer sur quoi vous fondez vos doutes?

REINE.

Je ne demande pas mieux; je n'ai pas la prétention de vous influencer, pourtant, je désire vous éclairer, j'y suis encouragée par le système d'éducation de cette pension, qui rend nos rapports plus intimes; vous le savez, il n'y a pas ici de maîtresses Croque-mitaine, il n'y a que des institutrices, amies des jeunes filles.

ROSALIE.

C'est pourquoi nous ne craignons pas de vous demander votre opinion.

REINE.

Vous êtes à peu près du même âge, dans la même classe, de force à peu près égale, vous concourez pour les mêmes prix, vous êtes rivales; partant, vous ne vous aimez pas.

LES JEUNES FILLES.

Ah! Mademoiselle.

REINE.

Je m'attendais à cette exclamation. Eh bien! mesdemoiselles, je ne vous le cacherai pas ; depuis deux mois, Madame et moi, nous épions pour ainsi dire vos pensées, et nous voyons avec peine qu'elles révèlent un fonds de jalousie et parfois, comme si l'esprit de contradiction devait faire partie intégrante de la jeune fille, après ces sentiments, vous éprouvez une confiance en vous-mêmes qui vous fait croire aux succès les plus brillants. Ai-je raison ?

HENRIETTE, embarrassée.

Mon Dieu! Mademoiselle, vous pouvez dire vrai pour Rosalie, mais assurément vous vous trompez pour moi.

REINE.

Chère enfant, votre embarras me prouve le contraire, je vais le faire cesser, (à part) ou plutôt laissons-le durer. Quelle est celle de vous deux qui aura le prix d'honneur?

ROSALIE.

Quelle question !

REINE.

Voyons, franchement, votre idée?

HENRIETTE.

Mais, parlez-vous sérieusement?

REINE.

Très-sérieusement.

ROSALIE.

Moi, je crois que Madame ne peut pas se dispenser d'en donner un.

HENRIETTE.

C'est aussi mon avis, la réputation de la maison veut qu'il y ait un prix d'honneur.

REINE.

Voilà qui explique vos moments de grande confiance.—Et qui aura le prix d'honneur?

HENRIETTE.

Dame,—celle qui peut y avoir quelques droits, quelque espérance, veux-je dire, la jeune fille qui, par exemple, est ancienne dans la maison. Si j'étais maîtresse, il est certain qu'à mérite égal je ferais pencher la balance du côté de l'âge et de l'ancienneté. Ce sont de puissants titres pour obtenir ce prix.

ROSALIE.

Il y a encore d'autres considérations non moins valables.

REINE.

Voyons?

ROSALIE.

L'âge, l'âge ne fait rien si l'instruction est égale, au contraire, il y a plus de mérite à être instruite quand on est plus jeune, et puisque Henriette parle de balance, hum!— on peut opposer à l'ancienneté, des affections entre la famille de l'élève et l'institutrice; cette dernière considération me semble d'un grand poids

REINE.

Ainsi, tranchons la question, chacune de vous en particulier est sûre de l'emporter.

HENRIETTE.

Je ne croyais pas que Rosalie fondait ses prétentions sur de tels motifs.

ROSALIE.

J'étais loin de penser que le prix d'honneur était un prix de vieillesse.

REINE.

Enfin, nous y voilà. — Mes chères enfants,

toutes deux vous avez fait fausse route ; vous confiant dans quelques raisons particulières, vous vous êtes dit : « Qu'ai-je besoin de travailler avec tant d'ardeur, c'est moi qui dois avoir le prix. » Qu'en est-il résulté ? Votre travail s'est ralenti, vos progrès sont restés stationnaires, et, au grand regret de Madame, vous n'avez pas réalisé ses espérances. Vous êtes les plus fortes de la classe, c'est vrai ; mais vous auriez pu faire mieux. Je vous en prie, revenez à des sentiments plus raisonnables, que votre ambition se justifie par le travail ; mais savez-vous ce que disent vos petites compagnes : que personne n'a mérité le prix d'honneur.—Ah ! vous êtes étonnées. C'est pourtant ce que nous avons recueilli de nos observations ; c'est tellement vrai que, si ce prix était donné à l'une de vous, pas une main n'applaudirait, un froid silence serait le résultat que vous obtiendriez. Oh ! vous ne le voudriez pas. Ayez confiance dans votre institutrice, elle vous récompensera toujours selon la justice. Que voulez-vous que fasse à sa réputation un prix d'honneur qui n'est pas mérité ? Oh ! Mesdemoiselles, que vous avez affligé Madame en agissant et en pensant ainsi !

HENRIETTE.

Quoi ! Madame s'en est affectée ?

ROSALIE.

Que nous étions insensées de nous enorgueillir ainsi !

REINE.

Que vois-je ? Des regrets, vous paraissez émues. —Je vous avais bien jugées, vous n'étiez qu'égarées.

HENRIETTE.

Ah ! Mademoiselle, que nous étions coupables.

ROSALIE.

Que de négligences impardonnables, que de soupçons fâcheux !

HENRIETTE.

Mademoiselle, que Madame doit nous trouver sottes !

ROSALIE.

Elle doit avoir de nous une bien triste opinion.

REINE.

Non, mes enfants, non, connaissez mieux le cœur de Madame, nous savions bien que vous reviendriez à de meilleurs sentiments, c'est dans ce but que j'ai provoqué cette explication.

HENRIETTE.

Dites à Madame que désormais nous n'aurons d'autre rivalité que l'émulation.

ROSALIE.

Dites-lui que surtout nous voulons nous laisser guider par elle.

HENRIETTE.

Je ne veux plus écouter ma tête et surtout mon orgueil.

ROSALIE.

Dites-lui que nous nous aiderons mutuellement sans être envieuses de nos succès.

HENRIETTE.

Alors, nous pourrons nous aimer, n'est-ce pas ?

ROSALIE.

Et vous croirez à notre amitié ?

REINE.

Oui, mes enfants, j'y croirai. Que ce moment d'épanchement répare d'erreurs et d'étourderie !

HENRIETTE.

Vous direz bien tout à Madame ?

REINE.

Je dirai que vous êtes de charmantes jeunes
filles, qui plus tard, ferez la joie et le bonheur de
vos familles. Allez rejoindre vos compagnes, ou
plutôt envoyez-moi Cornélie.

Elles s'en vont en disant : Quel bonheur !

SCÈNE VII.

REINE, seule.

Heureux résultats, douce raison, tu parles à
l'âme de la jeune fille, nous gagnons son cœur en
le touchant; voilà qui rend si belle notre profession. Chères enfants! Il y a quelques minutes à
peine, c'étaient de petits lutins révoltés, elles
étaient tellement gonflées de leur petit mérite per-
sonnel, qu'elles allaient ressembler à la grenouille
de la fable. Quelques bonnes paroles, que dis-je?
une seule : Madame est affectée, et voilà mes
étourdies qui reconnaissent leur erreur. Non, le
cœur de la jeune fille n'est point indifférent; il se
resserre, se refroidit, et se glace par l'habitude
d'une sévérité déplacée, mais il se fond et se di-
late au langage que la raison puise dans le cœur
aimant de l'institutrice. — Voilà Cornélie qui
vient; pauvre enfant, comme elle est triste! Encore une imagination à remonter, une âme à consoler. — Approchez, mon enfant, pourquoi nous
fuir ainsi?

SCÈNE VIII.

REINE , CORNÉLIE.

CORNÉLIE.

Ah! Mademoiselle, vos occupations, ces prépa-
ratifs...

REINE.

Vous font mal, je le sais. Vous souffrez, Cornélie, vous souffrez d'autant plus, que vous concentrez votre douleur. A votre âge, mon enfant, si jeune, la dissimulation est au-dessus de vos forces. Vous avez sujet d'être triste, mais au fond du cœur, à chaque souffrance, Dieu envoie une espérance. Pourquoi ne pas épancher votre douleur, surtout dans le sein de ceux qui pourraient vous consoler, et qui ne demandent en retour qu'un peu de confiance.

CORNÉLIE.

Votre sympathie, Mademoiselle, me fait du bien, vous venez de prononcer quelques paroles qui me prouvent que mon chagrin vous est connu. Depuis hier, que de fois je voulais vous le confier, et je n'ai pas osé!

REINE.

Et moi, mon enfant, je comptais sur votre confiance, vous vous êtes laissé attrister sans vouloir être consolée. — C'est mal. — Eh bien! nous qui connaissons vos peines, nous avons voulu y remédier, et je vous ai fait appeler pour vous communiquer ces quelques lignes que Madame m'envoie par un exprès.   *Elle lui donne une lettre.*

CORNÉLIE lit.

« Je vous écris à la hâte, consolez ma chère Cornélie; la position de son père n'est pas aussi désespérée qu'il le croyait, d'ailleurs, je ne veux pas que cette enfant nous quitte, dites-lui qu'elle m'est utile, qu'il faut qu'elle achève son éducation; je l'embrasserai et la consolerai moi-même ce soir. » Que de bontés! quelle délicatesse! Merci, mon Dieu, j'ai une seconde mère. Ah!

comme je vais l'aimer ! Mademoiselle, comment vous remercier ! Mon zèle, mon application prouveront ma reconnaissance à Madame, plus que tout ce que je pourrais dire maintenant. Je suis si émue ! Mon bon père, ma bonne mère, vous serez fiers de votre fille un jour !

SCÈNE IX.

Les Mêmes, HENRIETTE, ROSALIE.

HENRIETTE.

A notre tour, Mademoiselle, nous venons vous chercher, on dit que Madame revient. (s'approchant de Cornélie et lui prenant la main) : Chère amie. tu parais moins triste à présent, je devine pourquoi Mademoiselle ne venait pas.

ROSALIE.

Ne nous crois pas indifférentes parce que nous ne te demandions pas le motif de ta tristesse ; nous ne voulions pas être indiscrètes : voilà pourquoi.

CORNÉLIE.

Merci, mes amies, merci ; oui je suis bien soulagée à présent.

SCÈNE X.

Toutes, excepté ALEXANDRINE. ADOLPHINE en tête.

ADOLPHINE.

Ah ! Mademoiselle, je vous trouve enfin ; on ne peut contenir ces petits démons.

JULIA.

Elle nous appelle démons, et Madame dit que nous sommes de petits anges.

PAULINE.

Oui, mais elle ajoute, en ôtant le g.

EUPHRASIE.

Mais on dit qu'en ôtant le g, cela veut dire amour.

JOSÉPHINE.

Ces petites filles-là sont-elles drôles !

CLAIRE.

Elles ne le seront jamais autant que toi.

SCÈNE XI.

Les Mêmes, ALEXANDRINE.

ALEXANDRINE.

Madame est arrivée, elle désire que tout le monde rentre; elle demande de suite Cornélie et Mademoiselle.

REINE.

Allons, mes enfants, tout s'est bien passé pendant l'absence de Madame. La journée s'annonçait orageuse, il y avait ce matin des petites filles écervelées, des esprits à l'envers, des cœurs souffrants : tout s'est calmé, tout est rentré dans l'ordre. Mon rapport à Madame sera satisfaisant, je pourrai lui dire avec certitude : « Vos élèves vous contenteront, car nous avons eu aujourd'hui une bonne journée. » Et je demanderai pour demain une petite fête.

TOUTES.

Quel bonheur !

REINE.

Allons, jeunes brebis, rentrez au bercail, et souvenez-vous toutes de cette journée.

ZÉÏLA LA CRÉOLE

OU

LA NOUVELLE ÉLÈVE.

PERSONNAGES.

ZEILA.   CÉLINE.
ANNA.   VICTORINE.
PAULINE.

SCÈNE Ire.

CÉLINE, VICTORINE.

CÉLINE.

Mon Dieu, mon Dieu! que c'est désagréable
d'être petite fille, on vous renvoie partout. Depuis
ce matin je n'entends dire que : « Retirez-vous
donc. » J'espère qu'ici au moins nous ne gênerons
personne.

VICTORINE.

Ah! dame, toute la classe est en émoi : une
nouvelle élève qui vient d'entrer, et une élève
comme il n'en vient pas tous les jours! Une créole!
C'est beau. Aussi que de frais pour la recevoir!
Madame est en belle robe de cérémonie; elle lui

fait une foule de mamours. Ah! ma pauvre Céline, on ne fait guère attention à nous.

CÉLINE.

C'est comme ça qu'elles sont les maîtresses : quand on arrive elles vous câlinent, et quand on commence à se faire à la pension, on ne vous regarde plus.

VICTORINE.

C'est triste, mais c'est vrai. Il faut, ma chère Céline, nous faire à notre position, nous y habituer, ou plutôt tâcher d'en sortir, car entre nous, nous ne brillons pas.

CÉLINE.

C'est peut-être pour cela qu'on ne fait pas attention à nous. Ecoute, Victorine ; je crois que nous ferions bien de changer, il est temps que nous devenions raisonnables.

VICTORINE.

Il est temps, il est temps... C'est possible ; mais je ne réponds pas de moi. Depuis que Zéïla est entrée, je ne sais si c'est parce qu'on s'occupe moins de moi, mais je me sens des envies démesurées de faire des niches.

CÉLINE.

Eh bien! il faut chasser ces idées ; pour moi, je ne ferai pas de bêtises si tu n'en fais pas ; c'est singulier, je n'ai pas d'idées quand tn ne m'en donnes pas. — Vois-tu, Victorine, décidons-nous une bonne fois à bien faire, alors nous serons remarquées. — Tu réfléchis ? — Ah ! je suis contente, tu penses à nos bonnes résolutions?

VICTORINE.

Je pense... que j'ai mis le chat dans le garde-manger, et que probablement il va manger le gigot.

CÉLINE, effrayée.

Ah! mon Dieu, et moi qui croyais que tu allais devenir raisonnable.

VICTORINE.

Va, va, sois tranquille, cela viendra un jour ou l'autre. — Mais voici nos compagnes qui viennent.

CÉLINE.

Pourvu qu'on ne nous renvoie pas encore.

SCÈNE II.

Les élèves entrent successivement, ZÉILA d'abord, puis PAULINE ET ANNA. VICTORINE, CÉLINE.

PAULINE.

Êtes-vous contente, chère Zéïla, de votre examen ; nos classes, nos cours vous plaisent-ils?

ZÉÏLA.

Je suis on ne peut plus charmée. Ce qui surtout m'étonne au-delà de toute expression, c'est l'intelligence que vous possédez toutes. Je n'ai jamais rencontré un si grand nombre d'élèves capables. Dans le pensionnat d'où je sors, quatre ou cinq élèves seulement étaient hors ligne ; mais ici, savez-vous que c'est presque décourageant, et que vous êtes de dangereuses rivales !

ANNA.

Vous nous flattez, Mademoiselle ; prenez garde, vous nous donnerez de l'orgueil, et la race d'Ève n'est pas éteinte. Nous pourrions nous croire quelque chose, tandis que nous avons encore tant à apprendre !

CÉLINE.

Il est vrai que nous sommes peu avancées (à ce que disent nos maîtresses) ; après cela, peut-être nous le dit-on pour ne pas exciter notre amour-propre.

CÉLINE.

VICTORINE.

Et l'on fait bien de ne pas nous le dire. Voyez un peu, le compliment de Melle Zéïla ne s'adressait certainement pas à toi ni à moi, dont la science n'est pas encore brillante, et voilà que tu en prends une petite part.

CÉLINE.

C'est possible, j'étais dans l'erreur; après tout je n'ai point fait de mal.

ANNA.

Allons, allons, la paix! N'allons pas retirer à notre nouvelle compagne la bonne opinion qu'elle peut avoir de nous.

PAULINE.

C'est vrai; parlons de vous, de votre arrivée dans cette pension, qui est un bonheur pour nous.

CÉLINE.

On dit, Mademoiselle, que vous êtes née dans un pays bien loin où il y a, chose effrayante, beaucoup de nègres; et en vous regardant, je me demande comment il se fait que vous êtes si blanche.

VICTORINE.

Je vais te dire pourquoi : c'est que Mademoiselle est une négresse blanche.

CÉLINE.

Vraiment? Eh bien! j'aime mieux les négresses blanches que les négresses noires; au moins elles ne me font pas peur.

ANNA.

Que vous êtes singulières avec vos réflexions! Melle Zéïla va vous prendre pour de petites sau-vages parisiennes.

CÉLINE.

J'ai donc dit quelque bêtise ?

VICTORINE.

Tu en es bien capable.

ZÉÏLA.

Vous avez, chère enfant, fait une erreur que beaucoup de personnes partagent et que je dissiperai en deux mots. Je ne suis point négresse blanche, mais créole blanche, c'est-à-dire née dans une colonie française, de parents français. Les nègres qui sont dans notre pays sont originaires d'Afrique et ont été amenés chez nous pour travailler à la terre.

CÉLINE.

Ah ! je comprends maintenant.

PAULINE.

Allons, mes petites amies, trêve de questions ; de temps en temps Zéïla nous parlera de son délicieux pays ; pour le moment laissez-la vous quitter pour veiller au rangement de ses effets.

ZÉÏLA.

Oui, chères compagnes, ce sera pour moi un plaisir de vous parler de mon pays.

CÉLINE.

C'est à cette condition que nous vous laissons partir.

SCÈNE III.

ANNA va prendre un livre et s'assied ; CÉLINE, VICTORINE,

CÉLINE.

Comme elle est gentille ! n'est-ce pas ?

VICTORINE.

Charmante, délicieuse.

CÉLINE.

Et comme elle se met avec goût! quel air dis-
tingué!

VICTORINE.

Et toi, Anna? tu ne dis rien; comment la trou-
ves-tu?

ANNA.

Mais je ne suis pas de votre avis.

CÉLINE.

Ah! la difficile.

VICTORINE.

Que faut-il donc pour te plaire? Nous n'avons jamais vu de compagne plus aimable, plus spirituelle.

ANNA.

Vous voyez que j'avais raison de ne rien dire.

VICTORINE.

Enfin, justifie tes préventions.

ANNA.

Si ce sont des préventions on ne peut pas les
justifier.

CÉLINE.

Alors, dis-nous ce que tu penses.

ANNA.

Eh bien! oui. Mais vous ne me croirez probablement pas. Jeunes têtes folles!... — Sembla-
blables aux illustres moutons de l'histoire, vous
vous suivez sans savoir pourquoi. Tout ce qui est
nouveau a de l'attrait pour vous, vous ne réflé-
chissez ni vos sympathies ni vos antipathies. Comment détruire toutes vos illusions?

VICTORINE.

Anna, tu es bien sévère pour nous; il est vrai,
que souvent nous nous enthousiasmons sans savoir
pourquoi; mais enfin, nous ne sommes pas entê-

tées, nous aimons à rire, à plaisanter même, et malgré cela nous entendons quelquefois le langage de la raison.

CÉLINE.

Oui, oui, dis-nous ce que tu penses de cette jeune créole.

ANNA.

Puisque vous êtes si bien disposées, je n'hésite plus; d'ailleurs, je crois que cela vous rendra service. Voici donc mes idées. J'ai cru remarquer qu'à travers son amabilité, sa douceur, Zéïla cache une grande jalousie, elle n'est pas franche, croyez-moi; et de plus je doute qu'elle ait beaucoup étudié. Cela vous paraît bien vague, n'est-ce-pas? Faites un peu attention, et vous verrez que j'ai raison.

VICTORINE pensive.

Est-il possible, qu'avec un air si doux, on puisse avoir un mauvais caractère? — Nous lui changerons.

ANNA.

Ne précipitons rien, de la prudence, observons, et ne souffrons pas qu'on nous dérange.

(La cloche sonne.)

CÉLINE.

Ne nous faisons pas attendre, nous causerons après.

LES DEUX AUTRES.

Allons. Elles sortent.

SCÈNE IV.

ZÉÏLA arrive seule.

Je me suis trompée; il y en a encore de plus avancées que moi. Leurs compositions, leur style, leurs voyages, je ne pourrai jamais faire tout cela. Toujours des élèves qui me sont supérieures ! Pourquoi ? A quoi cela tient-il ? Je m'y perds. Je veux arriver à mon but pourtant ; je veux être la première. Enfant gâtée, née sous un ciel brûlant qui enflamma ma tête, tandis que la paresse coula dans mes veines ! Je sens l'ambition dévorer mon cœur. — Confiée dès mon bas âge aux soins d'un tuteur, mes parents en mourant lui firent promettre de me laisser jusqu'à 17 ans en pension. J'ai fait tout ce que j'ai pu pour gagner de mon tuteur qu'il me gardât chez lui ; — impossible, il s'appuie sur sa promesse ; tout ce que j'ai pu obtenir, c'est de changer de pension. J'espérais ici ne rencontrer que des élèves faibles, et voilà que je suis moins avancée que je ne pensais ! — Pauline seule pourtant me gêne, les autres, je ne les crains pas. — Ah ! j'ai un moyen : dégoûtons du travail cette jeune rivale. Bah ! le démon de la paresse et de l'orgueil se trouve aussi bien dans la zône tempérée que dans la zône torride ; mettons ce démon en campagne, et nous réussirons. — Voilà Pauline ; c'est lui qui me l'envoie.

SCÈNE V.

ZÉILA, PAULINE.

PAULINE.

Vous voilà seule. — Vous paraissez pensive. Auriez-vous déjà du regret d'être avec nous ?

ZÉILA.

Non, chère, je suis au contraire ravie de vous avoir connue ; je voudrais seulement une chose : que ce ne fût pas en pension que j'aie eu ce bonheur.

PAULINE.

Que voulez-vous dire?

ZÉÏLA.

Qu'il est triste, qu'il est déplorable d'être en pension; que cette vie est insipide, qu'elle ôte toute poésie, qu'elle abrutit enfin.

PAULINE.

Quoi! c'est là ce qui vous attriste?

ZÉÏLA.

Ah! je vous surprends. Pauvre enfant! quel bandeau vous avez sur les yeux! Je vous admire, vous supportez sans vous en apercevoir un joug intolérable. Croyez-moi, secouez-le, n'en savez-vous pas assez? J'ai examiné avec attention vos travaux, et je me suis assurée que réellement votre instruction est achevée. Devrions-nous être encore en pension? Nous sommes faites pour le monde. Je dis nous, — je me trompe, c'est peu modeste, — vous seule y seriez présentable. J'ai eu occasion de connaître un peu ce monde; si voulez bien être mon amie, je vous initierai à ses joies, à ses plaisirs, et nous oublierons dans de délicieuses causeries les ennuis de la pension.

PAULINE, troublée.

Que dites-vous? — Vous venez de jeter dans mon âme un jour nouveau! Serait-il vrai que l'on me traitât en enfant? — Que votre langage a de charme! et pourtant il me trouble. — Je le vois; — j'étais une sotte, on m'humiliait, on m'abaissait, et je me laissais faire! — Vous m'offrez vos conseils, votre amitié, comment refuser tout cela? Il est temps enfin que je sorte de l'enfance.

ZÉÏLA.

Bien, très-bien; vous avez du caractère, montrez-le. — Est-ce que les maîtresses comprennent l'amitié? Elles ne connaissent que le despotisme.

Anna entre furtivement; elle a entendu ces dernières paroles; Zéïla s'en aperçoit, elle serre la main de Pauline et lui dit :

Je vous quitte, chère; à bientôt.

PAULINE.

Mais non, je vous suis.

SCÈNE VI.

ANNA, seule. Elle les regarde partir.

C'est bien cela; j'avais raison. — Il n'y a plus à en douter, la voilà charmée! Une heure de conversation a suffi pour ébranler Pauline. — Pauvre amie, si instruite, si intelligente et si faible! Mais cela ne peut pas être! Comment! par des conseils perfides, la meilleure élève se perdrait, ne travaillerait plus! O mon Dieu! inspirez-moi, que ma voix aille à son cœur, et que Pauline redevienne ce qu'elle était. — On vient, de la prudence.

SCÈNE VII.

ANNA, VICTORINE, CÉLINE.

CÉLINE, avec mystère.

Dis donc, Anna, nous venons de faire une découverte.

ANNA.

Laquelle? est-ce un nouveau problème d'algèbre? ...

VICTORINE.

Méchante, est-ce que nous voyageons dans ces contrées, ce sont pour nous des régions inconnues dans lesquelles nous nous perdrions.

CÉLINE.

Non, non, ce n'est pas cela, c'est beaucoup plus intéressant, (avec mystère) la nouvelle élève fait des fautes d'orthographe.

ANNA.

Pas possible, (en riant) et c'est toi qui as pu en juger ?

VICTORINE.

Assurément non, il semblerait que Céline s'y entend. Il n'y a pas longtemps encore qu'elle trouvait que l'orthographe était un préjugé.

CÉLINE.

Préjugé que tu me faisais partager.

ANNA.

Enfin, comment avez-vous su ?

CÉLINE.

Nous avons trouvé un de ses cahiers que nous avons porté à Mademoiselle, et Mademoiselle nous a montré au moins trois mots mal orthographiés.

VICTORINE.

Et nous l'avons surprise causant mystérieusement avec Pauline, elle lui en contait, lui en contait, et Pauline avait l'air de la croire.

ANNA.

Cela ne m'étonne pas. Vous voyez que j'avais raison ; mais laissez-moi faire, toi surtout, Victorine, avec ta vivacité tu pourrais tout gâter. — Ecoutez-moi bien : c'est l'heure où Pauline a l'habitude de venir dans cette pièce dessiner avec moi, il est impossible qu'elle y manque ; je veux causer avec elle, et si Dieu m'aide, je lui ouvrirai les yeux sur sa fausse amie ; pendant ce temps, faites que Zéïla ne vienne pas.

CÉLINE.

Sois tranquille, nous te la garderons le plus possible.

VICTORINE.

Oui, le plus possible, car je soupçonne que ne voyant pas là Pauline, elle la cherchera.

ANNA.

Enfin, soyez adroites, gagnez du temps, c'est ce qu'il faut.

Victorine et Céline s'en vont.

SCÈNE VIII.

ANNA seule.

J'ai bon espoir ; mais la voici qui vient. Mon Dieu ! mon Dieu ! inspirez-moi.

SCÈNE IX.

ANNA. PAULINE entre, un carton sous le bras.

> Elle se place pour dessiner, cherche son modèle dans le porte-feuille, puis elle commence, mais elle s'arrête de temps en temps pour réfléchir. Anna la regarde avec intérêt ; enfin, Pauline se retourne, et d'un air indifférent :

Tu ne dessines pas, Anna ?

ANNA.

Non, pas encore.

PAULINE.

Et que fais-tu donc !

ANNA.

Je médite.

PAULINE souriant.

Toi, — et sur quoi ! — Mon Dieu !

ANNA.

Sur bien des choses.

3.

PAULINE avec indifférence.

Et le sujet principal?

ANNA.

Sur la versatilité de l'esprit humain.

PAULINE toujours ennuyée.

Tu m'épouvantes! quel sujet grave! est-ce la composition d'aujourd'hui, faut-il la noter?

ANNA.

Oh! c'est inutile; d'ailleurs, je ne veux pas t'interrompre, cela t'intéresserait peu. Nous allons, si tu veux, méditer chacune en particulier, toi sur ton sujet, moi sur le mien.

PAULINE.

Crois-tu donc que moi aussi je médite?

ANNA.

Mais cela en a tout l'air. Faisons une chose, tu développeras ta méditation tout haut, moi la mienne, nous établirons une controverse qui pourra être intéressante.

PAULINE se retourne.

Voyons, que veux-tu dire avec ta versatilité?

A mesure qu'Anna parle, elle quitte son dessin, et Zéïla entre furtivement.

ANNA, avec sentiment.

Tu me le demandes, Pauline? Me crois-tu assez aveugle pour ne pas voir le changement qui s'opère en toi? Et pour cela il n'a fallu qu'un jour, qu'un moment, qu'un mot même, pour troubler ton esprit, et te faire changer une vie, une conduite qui faisait notre admiration à toutes. Car tu étais notre modèle, l'espoir de notre institutrice; tu ne rêvais que science, que travail; tu encourageais les plus indifférentes; et aujourd'hui, c'est toi qui as besoin d'être encouragée!... Tu me regardes avec étonnement. — Eh bien! oui, je sais tout: j'ai entendu certaines conversations. Oh! ne t'indigne pas, j'ai la conviction que je remplissais un devoir.

PAULINE, tristement.

Je ne t'en veux pas, Anna, tu ne me comprends pas; tu es trop jeune.

ANNA.

Je répondrai en enfant à cette assertion. A quoi sert de comprendre, si cela vous rend triste et malheureuse. Dis-moi, amie, l'es-tu plus heureuse, depuis le moment où une étrangère, jalouse de ton mérite, crois-le bien, t'a, pour t'empêcher de travailler, fait croire à des chimères, à des choses impossibles? N'étais-tu pas plus heureuse, lorsque notre chère maîtresse, fière de toi, t'initiait aux sciences, aux arts, et te montrait avec orgueil et tendresse comme sa meilleure élève; nous n'étions pas jalouses nous, nous t'admirions, nous t'aimions, tu étais notre point de mire; arriver à toi était notre but, et toi, gaie, joyeuse, tu travaillais avec ardeur; tu pensais avec raison et croyais ce que Madame disait : que le travail rend heureux, qu'une femme qui a reçu une instruction solide ne s'ennuie pas et embellit le foyer domestique. C'est bien enfant ce que je te dis là ; mais vois-tu, semblable à un pauvre soldat qui voit mourir son général, je me dis comme lui : « Qui donc me conduira à la victoire? » Oh! parle, parle, dis-moi que tu es, que tu seras toujours des nôtres.

PAULINE, aux dernières paroles d'Anna, s'est levée et a quitté son dessin.

Chère Anna, que j'ai été injuste envers toi! Je

ne te croyais pas tant d'âme, tant de cœur, l'éco-
lière n'existe plus chez toi; non, franchement, je
ne te croyais pas telle que tu es. Pauvre enfant,
tu vantes bien haut ton indigne compagne, vois
comme elle a été faible, comme elle a été orgueilleuse! — Me croire au-dessus des conseils, des
observations! Sans toi, mon Dieu, où allais-je?
Dans quelle fatale amitié me suis-je laissé entraî-
ner? — Que faut-il faire?

SCÈNE X.

Les Mêmes, ZÉÏLA est entrée furtivement et a écouté cette
scène; elle interrompt Pauline et dit :

Ce que vous avez fait jusqu'à présent, travailler
avec courage et succès, être le modèle de vos anciennes compagnes, et surtout des nouvelles, assez
orgueilleuses pour vouloir la récompense sans se
donner de la peine; et qui, pour comble de méchanceté, empêchent de travailler celles qui exci-
tent leur jalousie.

ANNA.

Quoi! c'est vous qui tenez un pareil langage!

ZÉÏLA.

Oui, c'est moi dont la tête est mauvaise, c'est
vrai, mais dont le cœur s'est fendu en entendant
votre conversation. — Qui vient nous déranger?

PAULINE allant regarder.

Ce sont nos jeunes compagnes qui probablement
nous cherchent.

ZÉÏLA.

Au fait, qu'elles viennent, elles seront témoins
de ma conversion.

SCÈNE XI.

LES MÊMES, CÉLINE ET VICTORINE.

CÉLINE.

Vous êtes convertie?

VICTORINE.

Est-ce bien vrai au moins, prenez garde, si cela n'était pas. Oh! je vous détesterais! —Savez-vous que vous avez causé un fameux désordre dans les idées de Pauline.

PAULINE.

Ce désordre est réparé; chez nous, jeunes filles, le mal et le bien se succèdent, l'un fait place à l'autre avec facilité. — Heureusement, sans cela qu'arriverait-il?

ZÉÏLA.

Voulez-vous, chère Pauline, être toujours mon amie?—Voulez-vous, mes chères compagnes, pardonner le scandale que je vous ai causé? Et vous, chère Anna, modeste violette que j'avais maladroitement foulée aux pieds, me pardonnez-vous?

ANNA.

Comment vous en vouloir, après tant de franchise, après nous avoir rendu notre compagne chérie!

VICTORINE.

Tenez, je crois que pendant un moment le démon avait choisi un appartement dans votre cœur, puisque vous l'avez chassé vigoureusement, presque à coups de bâton; fermez-lui la porte pour qu'il ne revienne jamais.

ZÉÏLA.

C'est vrai, c'était une terrible tentation. Voilà le résultat de mon éducation première : on m'a élevée en petite princesse, gâtée, flattée, adulée par les négresses qui me gardaient, je me suis crue quelque chose, je n'étais rien. Que voulez-vous? j'en ai pris mon parti! Je veux réparer le temps perdu; au lieu de donner des conseils, que je donne fort mauvais, je veux écouter les vôtres à présent, et devenir aussi active que j'ai été indolente. Dites, chères compagnes, dites-moi que vous ne m'en voulez pas.

TOUTES.

Non, non.

CÉLINE.

Non, nous ne vous en voudrons pas; j'avais bien raison de vous aimer d'avance.

ANNA.

Moi, j'ai détruit toute prévention, et ne veux plus voir en vous qu'une bonne compagne de plus.

PAULINE.

Pour moi, je ne suis plus honteuse de ma faiblesse puisqu'elle m'a fait deviner une amie, toi, Anna, dont la tendresse m'est connue; que ferai-je pour égaler ton dévouement?

ANNA.

Tu nous montreras le chemin de l'étude.

VICTORINE.

C'est cela, et nous le suivrons, ce sera le cas ou jamais de faire comme les moutons de Panurge.

ZÉILA.

Dès à présent, je vous suis aux classes. Prouvons nos bonnes résolutions par un bon concours.

TOUTES.

Oui, c'est cela, à l'étude!

AU FILS D'HORTENSE.

LES PENSIONNAIRES D'ÉCOUEN,

Petit Drame historique en 3 actes,

D'APRÈS UNE NOUVELLE DE Mme EUGÉNIE FOA.

PERSONNAGES.

HORTENSE, d'une naissance illustre.	LÉONTINE.
MARIE, fille d'un officier aveugle.	AUGUSTA.
	FANCHETTE. ⎫ sœurs de
	BABET. ⎬ Suzette.
CLARISSE, fille d'un général.	ANTONIA.
SUZETTE, fille du jardinier.	MÉLANIE.
MADEMOISELLE, sous-maitresse.	ANNA.
	CÉLESTE.

ACTE Ier.

SCÈNE Ire.

LES JEUNES FILLES.

Plusieurs enfants forment des groupes à droite; Mélanie et Céleste jouent à la scie, à côté plusieurs enfants jouent à la main chaude. A gauche, Léontine et Augusta écrivent à une table; à leur gauche deux petites filles assises jouent à la poupée; Anna est appuyée sur une chaise et les regarde. Le milieu de la scène e occupé par six ou huit petites filles qui, au lever du rideau valsent quelques instants et viennent se former en cercle a fond de la scène.

ANTONIA qui, pendant la danse s'est promenée les bras croisés s'arrête, hausse les épaules et dit :

Que c'est stupide ces jeux-là !

MÉLANIE.

Vraiment! tu es difficile. Quoi, pas un jeu ne te convient, et à quel jeu voudrais-tu jouer?

ANTONIA.

Je ne sais, mais ces jeux de petites filles m'ennuient.

MÉLANIE.

Tu préférerais sans doute les jeux des petits garçons?

ANTONIA.

Peut-être. Tenez, lorsque je vois des enfants avec des sabres, des épaulettes, faisant l'exercice, j'envie leur sort; j'aime tout ce qui est militaire; les fanfares me font frissonner, et quand j'entends le tambour, mon cœur...

MÉLANIE l'interrompant.

Ton cœur joue du violon, n'est-ce pas? (Antonia fait un mouvement.) Ne te fâche pas, calme un peu ton ardeur guerrière.

ANNA.

Moi, je le voudrais bien.

MÉLANIE.

Pourquoi?

ANNA.

Parce qu'elle aime la destruction, et que chaque jour nos poupées sont ses victimes.

MÉLANIE.

Vous vous trompez, ce n'est pas amour de la

destruction, mais amour de la science; c'est un petit
chirurgien-major, voilà tout. *Elles rient toutes.*

AUGUSTA.

Voilà qui est fait, quelques lignes encore, et ma
composition sera tout-à-fait achevée. Ah! pauvre
Jeanne d'Arc, quelle plume inhabile pour peindre
ton héroïsme et tes vertus!

LÉONTINE.

Peux-tu toujours douter de toi; je suis sûre que
ton sujet sera un de ceux choisis pour être lus en
séance publique; ce n'est pas comme moi, j'ai pour
sujet Cincinnatus et Coriolan, je ne sais comment
peindre ces deux caractères.

ANNA.

Je sais ce qu'ils étaient ces deux hommes-là.

LÉONTINE.

Toi? je suis curieuse d'avoir un échantillon de
ta science.

ANNA.

C'étaient deux grands hommes du temps de
Louis XIV.

AUGUSTA.

Avouez, que si l'on donne un prix d'anachro-
nisme à Anna, elle l'aura bien mérité.

ANNA.

Dieu! que je voudrais avoir ce prix-là!

AUGUSTA *regardant Léontine.*

Si je pouvais composer aussi bien que toi!

LÉONTINE.

Bonne Anna, tu vois tout ce que je fais en beau,
va je ne m'aveugle pas sur mon mérite, il ne serait
rien sans la main qui le dirige.

TOUTES LES PETITES FILLES.

Voici Mademoiselle qui vient.

SCÈNE II.

LES MÊMES, MADEMOISELLE.

MADEMOISELLE.

Oui, mes enfants, c'est moi qui viens reprendre ma surveillance que j'avais abandonnée un moment.

ANTONIA.

Nous étions bien sages.

LÉONTINE.

Et nous finissions nos compositions.

MADEMOISELLE.

Je le vois, mes enfants, vous étiez raisonnables. La surveillance n'est pas difficile à la pension d'Ecouen; même esprit et même cœur vous animent, votre but est d'acquérir une instruction solide, de plaire à votre institutrice; et pour avoir de Mme Campan un mot bienveillant, un regard sympathique, que ne feriez-vous pas?

LÉONTINE.

Oh! Mademoiselle, que c'est vrai! Pour mon compte, un mot de Madame me fait faire des merveilles.

ANTONIA.

Quand je parle d'elle, je suis enthousiasmée comme le jardinier quand il parle de son général.

MADEMOISELLE.

Tâchez seulement, chère enfant, que votre enthousiasme vous profite plus qu'au jardinier qui n'a jamais pu être caporal.

ANTONIA.

Mademoiselle, j'irai plus loin, je pense.

MADEMOISELLE.

En attendant vos succès futurs, parlons d'autre

chose. Je viens vous apprendre une fâcheuse nouvelle. Toutes s'approchent avec intérêt.

TOUTES LES PETITES FILLES.

Qu'est-ce que c'est?

MADEMOISELLE.

Hortense, Clarisse et Marie nous quittent.
Toutes trois, après la distribution des prix, re-
tournent dans leur famille pour y rester et suivre
la carrière qui leur sera destinée.

TOUTES LES PETITES FILLES.

Ah! quel malheur!

MADEMOISELLE.

Oui, mes enfants, c'est un malheur. Toutes trois
étaient pour vous des modèles d'affection et de
travail; modèles de l'émulation sans envie, s'aimant de cette amitié pure et sainte que Dieu bénit
et encourage sur cette terre, parce qu'elle est
comme un reflet du Ciel. Clarisse, fille d'un général, ne pense pas en aimant Marie, qu'elle est fille
d'un sous-lieutenant aveugle; et Hortense, dont
la naissance est si illustre, oublie son rang entre
ses deux amies.

LÉONTINE.

Eh bien! Mademoiselle, le souvenir de ces trois
amies ne sera pas perdu pour nous; comme elles,
nous nous aimerons, nous travaillerons, et l'on
dira plus tard que les élèves d'Ecouen ont été
dignes de leur maîtresse.

TOUTES LES PETITES FILLES.

Bravo! bien dit.

MADEMOISELLE.

Je suis heureuse de vos bons sentiments, mes
enfants; j'ai oublié un moment pourquoi je venais près de vous; le voici: Afin que tout se passe

convenablement le jour de la distribution des prix, nous allons faire une répétition. Voici les trois amies qui arrivent à propos pour commencer.

SCÈNE III.

LES MÊMES, HORTENSE, CLARISSE, MARIE.

HORTENSE.

Vous nous attendiez, Mademoiselle; nous en sommes désespérées; pensant à notre séparation future, mes compagnes et moi, nous avons oublié la répétition. Enfin nous voilà, nous allons réparer par notre application le retard que nous avons mis à venir.

MADEMOISELLE.

Je vous excuse, mes enfants; il n'est pas trop tard, nous allons commencer.

Répétitions.

Ici l'on peut introduire quelques élèves pour réciter des vers, etc. Après les récitations:

MADEMOISELLE.

C'est très-bien, Mesdemoiselles; vous, enfants, votre récitation a été pure, correcte; vous, jeunes filles, vos sujets sont bien traités. Courage! et vous aurez bien mérité les couronnes que l'on vous donnera. Et puisque nous sommes prêtes, allons nous préparer à la solennité.

ACTE II.

SCÈNE Iʳᵉ.

MADEMOISELLE, LÉONTINE, AUGUSTA, CÉLESTE, CLARISSE, MARIE, HORTENSE, TOUTES LES PETITES FILLES.

MADEMOISELLE.

Venez ici, mes enfants ; la foule est tellement grande qu'il y aurait trop de confusion pour vous rendre à vos parents. Madame désire que vous ne veniez que lorsqu'elle vous fera appeler.

LÉONTINE.

Ah! mademoiselle, quelle belle cérémonie ! Quand le grand chambellan a posé la couronne sur la tête d'Hortense, comme elle était émue !

TOUTES.

Oh! que c'était joli !

AUGUSTA.

Toujours appelées toutes trois : Marie, Clarisse, Hortense ; en entendant un de ces trois noms on était sûr d'entendre les autres.

MADEMOISELLE.

Eh ! mes enfants, seules elles n'ont pas été couronnées, vous aussi avez eu votre tour.

TOUTES.

C'est vrai.

Pendant la fin de la scène, Mademoiselle se promène et cause avec les trois amies.

AUGUSTA.

Nous avons été bien récompensées.

CÉLESTE.

C'est égal, je crois qu'on apprend mieux à présent qu'autrefois.

AUGUSTA.

On commence à s'apercevoir que les petites filles ne sont pas plus sottes que les petits garçons, on s'occupe de nous.

LÉONTINE.

Je crois que la crainte que la France ne tombât en quenouille était pour beaucoup dans l'éducation que l'on donnait aux femmes.

AUGUSTA.

Comme tu parles! Je ne serais pas étonnée quand on dirait de toi un jour ce qu'on dit de Richelieu : Profond politique, vaste génie, etc.

LÉONTINE.

Non, je n'ai pas cette prétention ; mais avouez que l'on est moins sévère à présent.

CÉLESTE.

Dieu! l'était-on autrefois! J'ai entendu raconter à ma grand'mère des choses prodigieuses sur la manière dont on corrigeait les enfants : Vous mentiez : pan, pan ; (elle fait le geste de fouetter.) vous aviez été gourmande, paresseuse, pan, pan. Ah! c'était un raisonnement frappant celui-là.

MADEMOISELLE revient et dit :

Allons, mes enfants, venez, il est temps ; vos parents vous attendent. (Aux trois amies.) Vous, restez encore un peu.   Elle sort avec les enfants.

TOUTES.

En vacances !

SCÈNE II.

HORTENSE, CLARISSE, MARIE.

Pendant cette scène, Suzette est entrée furtivement.

HORTENSE regardant partir les enfants.

Elles sont parties ! Oh ! mes amies, encore quel-

ques instants bien courts, et nous serons séparées;
non pas pour le temps des vacances et nous revoir
après, mais pour nous disperser dans ce monde où
nous ne nous retrouverons peut-être plus. Ah!
que ces adieux sont déchirants! Plaisirs d'enfance,
douces joies, amitié pure, il faut laisser tout cela.
Je ne sais ce que j'éprouve, mais mon cœur est
près de défaillir en songeant à cette séparation. Il
me semble que quelque chose me dit que je ne
vous verrai plus.

CLARISSE.

Hortense, que tes paroles m'attristent! Tes
pressentiments ont gagné mon âme; moi aussi je
me sens triste, et cette vie qu'on m'annonce si
riante, je tremble comme toi d'y entrer.

HORTENSE.

Ah! je suis bien jeune encore; mais je sens que
le bonheur n'est pas dans le monde; il était là,
sous ce toit, à l'étude, aux récréations, avec vous,
mes amies. O Marie, ô Clarisse! pensez toujours
à moi comme je penserai à vous. Le matin, après
avoir donné votre cœur à Dieu, accordez-moi
une pensée, et moi, le soir, après ma prière, je
déposerai sur le bout de mes doigts un baiser que
j'enverrai, en le soufflant dans l'espace, à toi Clarisse, à toi Marie, et si la brise du soir vient lé-
gèrement caresser votre front, vous direz : « C'est
le baiser d'Hortense que Dieu nous envoie.

CLARISSE.

Hortense, tu me fais mal; cherchons un moyen,
ne nous séparons pas.

MARIE, qui les a regardées toutes deux tour à tour avec étonnement.

C'est ainsi que des âmes chrétiennes se désespèrent! Est-ce bien là le fruit des leçons de Mme Campan? Comment supporterons-nous la vie, si nous avons si peu de courage pour un premier chagrin? Quoi! c'est moi qui vous console, vous qui allez être de grandes dames; c'est moi, pauvre fille qui vais, comme vous, sortir d'ici, mais y trouver les larmes d'une vie pauvre et pleine de privations. C'est moi, dis-je, qui suis obligée de vous calmer. Toi, Clarisse, tu as subi l'influence du désespoir d'Hortense, et toi, Hortense, tu le sais, car tu l'as dit plus d'une fois, ton cœur est bouillant, ta tête s'enflamme; c'est tout simple : ta bonne mère, née à la Martinique, t'a transmis de ce feu que le ciel des tropiques donne à ses enfants. Chères amies, comme vous, notre séparation m'afflige, mais élevée à l'école du malheur, plus jeune que vous, j'ai appris à souffrir; j'ai remarqué que si Dieu nous envoie un malheur, il envoie l'espérance. Pourquoi ne nous reverrions-nous plus? En souriant. Est-ce que vos portes me seraient fermées? .

HORTENSE ET CLARISSE, ensemble.

Marie !

MARIE.

Oh! je sais que vous me recevrez avec plaisir. Eh bien! puisque nous sommes sûres de nous revoir, pourquoi ce désespoir? — J'ai une idée. Si, contre toutes mes prévisions, la Providence ne permettait pas que nous nous revissions, promettons-nous que, quels que soient les événements, dans dix ans, à pareil jour, à six heures du soir, nous nous retrouverons ici.

CLARISSE.

C'est cela; mais qui sera témoin de notre

serment ? Qui nous conservera cette pièce ?

SUZETTE paraît.

Moi, Mesdemoiselles.

HORTENSE.

Que faisais-tu là, Suzette ?

SUZETTE.

Oh! Mesdemoiselles, ne m'accusez pas d'être curieuse et indiscrète; j'allais transmettre à mon père les ordres de Madame pour l'arrangement du jardin, vous savez que cette salle y conduit; en passant, je vous ai surprises, malgré moi, j'ai entendu votre conversation; dans la crainte de vous troubler, je n'osais plus ni avancer, ni reculer. J'ai été si attendrie de ce que vous avez dit, que je m'étais promis que je vous conserverais cette pièce.

CLARISSE.

Eh bien! oui, sois témoin de notre promesse, c'est le ciel qui t'envoie.

MARIE.

Et d'abord, que vas-tu nous promettre? Songe que c'est sérieux, Suzette, et si tu promets, il faut quoi qu'il arrive tenir ta promesse.

SUZETTE.

Eh bien! Mesdemoiselles, je vous promets que sans rien dire à personne, je garderai cette salle, j'empêcherai que l'on n'y touche, afin que dans dix ans vous la retrouviez telle qu'elle est.

MARIE.

A notre tour : Moi, Marie, je promets de venir dans dix ans, à pareil jour, ici, pour revoir nos compagnes Clarisse et Hortense.

CLARISSE.

Moi, Clarisse, je promets de me réunir à mes compagnes.

4

HORTENSE tristement.

Moi, Hortense, ah! je prie Dieu qu'il me permette d'être à cette heureuse réunion.

MARIE.

Suzette, tu as reçu notre serment, c'est à toi de tenir ta promesse.

SUZETTE.

Soyez tranquilles, Mesdemoiselles, je ne manquerai pas à ma parole. Je ne suis qu'une pauvre fille du peuple, mais comme vous, je tiens mon cœur de Dieu, et ce cœur vous sera dévoué.

HORTENSE.

Bonne Marie, quelle heureuse idée tu as eue. Ce n'est pas moi qui aurais pensé à cela. Vous ne savez pas toutes les folles idées qui ont passé dans ma tête : J'avais fait un rêve affreux, et ce rêve me poursuivait toujours. Ah! il me poursuit encore.

CLARISSE.

Tu ne nous en as pas parlé, voyons, dis-nous ce rêve.

HORTENSE.

Pour vous affliger encore, à quoi bon?

MARIE.

Dis toujours, en le racontant peut-être seras-tu moins effrayée.

HORTENSE.

C'est vrai, cela me soulagera : Je voyais ma mère sur un lit de douleur, moi, près d'elle, pleurant et ne pouvant la soulager. Elle rendit le dernier soupir en prononçant mon nom et celui de mon frère. Dans ce rêve, je me sentis défaillir, et chose étonnante, dans cet évanouissement, était-ce l'agitation de ce sommeil? mais je n'étais plus près du lit de ma mère; des nuages m'entouraient;

puis, bien loin, bien loin, ces nuages me faisaient voir une forme comme une ombre qui ressemblait à mon beau-père ; les nuages se dégagèrent, je le reconnus parfaitement, non pas comme je le vois si souvent le front resplendissant de gloire, mais triste et seul sur un rocher. J'entendais ces paroles qui semblaient venir de bien loin, mais que je distinguais parfaitement : «France, patrie, famille.» Puis un soupir. Effrayée, je me réveillai en sursaut la tête bouleversée, pleine de mauvais pressentiments. Voilà pourquoi vous m'avez vue si triste, j'avais peur que ce rêve ne fût le présage de quelque malheur. Marie, tu as dissipé ces vapeurs qui provenaient sans doute d'un cerveau exalté ; merci, amie, merci pour le calme que tu m'as rendu.

PLUSIEURS VOIX.

Hortense ! Marie ! Clarisse !

SUZETTE.

Mesdemoiselles, venez, vos parents vous attendent.

TOUTES TROIS.

O mon Dieu !

MARIE embrassant ses compagnes.

A bientôt.

CLARISSE les embrassant aussi.

Oui, à bientôt.

HORTENSE.

Oui, à bientôt, adieu fait trop de mal à dire.

SUZETTE.

Dans dix ans, Mesdemoiselles, je vous attends.

ACTE III.

SCÈNE Iʳᵉ.

BABET, FANCHETTE.

FANCHETTE.

Viens, n'aie pas peur.

BABET.

Je suis tout effrayée de venir ici.

FANCHETTE.

Puisque nous avons la permission d'y entrer, viens donc.

BABET.

Oh ! que c'est drôle !

FANCHETTE.

C'est aujourd'hui que la grande sœur nous a promis de nous raconter l'histoire de cette chambre.

BABET.

Oui, mais il y a si longtemps de cela, que je commence à croire que c'est pour nous attraper.

FANCHETTE.

Non, non, Suzette n'a pas cette intention, et je suis sûre qu'elle nous racontera tout à l'heure cette histoire.

BABET.

Je pense que ce doit être une histoire de revenants, et que Suzette a voulu attendre que nous ne fussions plus petites pour ne pas nous faire peur.

FANCHETTE.

Est-ce qu'il y a des revenants à présent? Les petites filles ne croient plus à ces bêtises-là ; nous sommes raisonnables et nous rions de Croque-mitaine.

BABET.

Tu fais bien la vaillante quand il fait jour, et quand tu n'y vois pas... comme tu trembles ! Moi je ne suis pas brave, je l'avoue, et je ne sais pas si j'ai envie de savoir l'histoire.

FANCHETTE.

N'aie pas peur ; je suis certaine au contraire que c'est intéressant.—Voilà Suzette. Nous allons tout savoir. Quel bonheur !

BABET.

J'écouterai, mais je fermerai les yeux.

SCÈNE II.

Les Mêmes, SUZETTE.

SUZETTE.

Voilà déjà mes petites curieuses arrivées. Vous venez me rappeler ma promesse ; — je viens vous la tenir.

FANCHETTE.

Ce sera amusant, n'est-ce pas ?

BABET.

Ce ne sera pas effrayant ?

SUZETTE.

Enfants ! — Vous me feriez regretter d'avoir compté sur votre raison. Si j'ai tardé à vous parler de ce qui s'est passé dans cette salle, c'est que c'était un mystère pour tout le monde ; — mystère que le hasard m'a fait découvrir ; que je puis vous révéler aujourd'hui, parce qu'aujourd'hui verra s'accomplir une promesse faite il y a dix ans.

FANCHETTE.

Oh ! ma sœur, que vas-tu nous dire ?

BABET.

J'écoute et je n'ai plus peur.

SUZETTE.

Eh bien donc ! ouvrez vos oreilles. — Vous savez que cette maison dont notre père est jardinier faisait partie de la célèbre institution dirigée par Mme Campan. De tous ceux qui habitaient cette maison, il n'est resté que mon père, ma mère et nous. Maîtresses, élèves, tout a disparu. Comme l'orage qui n'atteint que les sommets élevés des arbres et ménage les petits arbrisseaux, la foudre des révolutions nous a ménagés. — Mais vous ne comprenez pas cela. Passons à ce qui vous intéresse. — Il y a aujourd'hui dix ans que trois jeunes filles, amies intimes, allaient se séparer, quitter la pension pour entrer dans le monde qui les appelait. Leur désespoir fut grand ; elles avaient comme une idée qu'elles ne se reverraient plus, et pour adoucir leur chagrin, elles se donnèrent rendez-vous dans cette chambre dans dix ans. Le hasard me rendit témoin de cette scène touchante. Les trois amies me firent promettre de leur conserver cette salle jusqu'à leur retour. J'étais émue, attendrie, je promis et jurai que personne n'y entrerait avant le jour indiqué. Les dix années sont écoulées, et aujourd'hui j'attends six heures du soir avec impatience.

BABET.

Ah ! je respire ; c'est une histoire de revenants, mais ils sont vivants.

FANCHETTE.

Mais, ma sœur, n'as-tu jamais su ce qu'étaient devenues ces jeunes filles ?

BABET.

Oh! mon Dieu, pourvu qu'elles ne reviennent pas en fantômes!

SUZETTE.

Je n'en ai plus entendu parler. Mon père ne voulait pas que l'on s'entretînt de tout cela; il en éprouvait trop de peine. Les petites filles, et même les grandes personnes, ne connaissent rien à la politique; je ne pensais qu'à conserver cette salle comme on me l'avait recommandé.

FANCHETTE.

Ah! l'on sonne à la grille, c'est probablement une des trois pensionnaires.

SUZETTE.

Mon père va ouvrir. Partez, enfants, vous troubleriez cette entrevue; au reste je vous rejoindrai bientôt.

SCÈNE III.

SUZETTE, MARIE.

Etonnement de Suzette. Elle va au devant de Marie; celle-ci lui serre affectueusement la main.

SUZETTE.

Mademoiselle Marie, Madame, quel bonheur de vous revoir!

MARIE.

Oui, Suzette; je suis la première au rendez-vous. Hélas! Clarisse seule peut y venir.

SUZETTE.

Oh! elle viendra, soyez-en sûre.

MARIE.

Tu as été fidèle à ta promesse. Mais comment as-tu fait?

SUZETTE.

Ça n'a pas été si difficile que vous le pensez;
j'ai prié Dieu qu'il m'aide, et avec son secours,
j'ai pu faire ce que vous souhaitiez.

MARIE.

Merci, Suzette; Dieu te récompensera.

SUZETTE.

Comme vous, je suis impatiente de vous revoir
toutes; mais vous devez avoir besoin d'être seule,
je vais veiller dans l'avenue, et je viendrai vous
avertir.

MARIE.

Va, Suzette, et reviens le plus tôt possible.

SCÈNE IV.

MARIE, seule.

Six heures... Personne encore. Ah! je brûle
d'impatience. C'est donc là où se passa notre enfance! Suzette a bien conservé cette salle; mais
voilà tout. Tout le reste semble mort, inanimé. Où
sont ces gaies jeunes filles qui remplissaient ces
lieux? C'est à peine si depuis dix ans un nom est
venu frapper mon oreille. Qui m'aurait dit alors
que moi, pauvre Marie, je deviendrais grande
dame! Ah! si le sort qui me fut si longtemps fatal,
m'est devenu favorable, en est-il de même de mes
compagnes? Seule au rendez-vous, Hortense, toi,
tu ne viendras pas, mais Clarisse! — Malheur ou
oubli, telle est la cause de ce silence. Oubli! est-
ce possible? Mon Dieu! je tremble, je ne sais où
va ma pensée. — Ah! quelqu'un.

SCÈNE V.

MARIE, CLARISSE.

Elles poussent un cri.

MARIE.

Ah! Clarisse.

Elles se jettent dans les bras l'une de l'autre.

CLARISSE.

Tu m'as reconnue, Marie, malgré le changement qui s'est opéré en moi?

MARIE.

Clarisse, le cœur reconnaît toujours ses amies; il est vrai, tu es bien changée. Que t'est-il arrivé, bon Dieu? Ouvre-moi ton cœur, je t'en prie. Qui t'a réduite à une pareille extrémité?

CLARISSE.

Mon histoire, amie, est courte. Tu le sais, mariée, quelque temps après ma sortie de pension, à un riche banquier, je ne jouis pas longtemps des faveurs de la fortune; mon mari, ruiné par de folles spéculations, fut obligé de fuir; les événements qui survinrent retirèrent à mon père ses charges et ses dignités; il en mourut de chagrin, et moi, seule au monde, je fus réduite à puiser mon existence de chaque jour dans un travail pénible.

MARIE, *lui prenant la main.*

Clarisse! que tu as du souffrir! Rassure-toi; aujourd'hui ma position est bien différente de celle que j'avais autrefois. Les biens de mon père, qui avaient été confisqués, lui ont été rendus. Je suis heureuse d'être riche pour partager avec toi; tu viendras avec moi, et ces beaux jours de la

4.

pension, nous nous les rappellerons dans notre
intérieur. Ne me refuse pas, je t'en prie.

CLARISSE.

Comment refuser ce qui est offert de si bon
cœur? Je te rendrai en affection, Marie, le bien
que tu veux me faire. Mais vois donc, que d'événements depuis notre séparation! Dans l'espace
de dix ans, tu es devenue riche, moi j'ai manqué
du nécessaire, et Hortense pleure dans l'exil les
souvenirs de son enfance.

MARIE.

Hortense! Ah! revenons à elle, femme infortu-
née, noble cœur! Ah! comme elle a du souffrir!
comme elle avait raison de craindre!

CLARISSE.

Nous parlerons d'elle toujours, son souvenir
ne nous abandonnera pas.

SCÈNE VI.

Les Mêmes, SUZETTE.

SUZETTE.

Mesdames, un homme vient mystérieusement
de me poser des questions sur votre compte; après
s'être assuré que vous étiez ici, il m'a dit : « Re-
mettez ce coffret et cette lettre à ces dames. »

CLARISSE.

Donne vite.   Elle décachète la lettre.

Marie prend le coffret, y trouve une couronne sèche,
partagée; elle pose le coffret, considère la couronne avec attendrissement.

CLARISSE lit.

« Mes bonnes amies. Vous le savez, je ne puis
me trouver au rendez-vous; j'aurais trop de cho-

ses à vous dire, je me tais ; sachez que je pleure, que je pense à vous. Voici un souvenir que je vous envoie : c'est la dernière couronne que je reçus avec vous. De toutes celles qu'a portées ma famille et que j'ai portées moi-même, je n'ai conservé qu'elle seule ; partagez-la, mes amies, et priez pour la pauvre Hortense. »

SUZETTE.

Pauvre femme !

Clarisse et Marie se partagent la couronne.

CLARISSE.

Marie, quelle leçon !

MARIE.

Mon Dieu, ayez pitié d'Hortense !

LE PETIT DINER

ou

LES AMIES DE PENSION,

COMÉDIE EN 2 ACTES, TIRÉE DE BOUILLY.

PERSONNAGES.

Mᵐᵉ DE SAINT-FÉLIX.
Mᵐᵉ RENAUT.
ALBERTINE. } filles de
JULIA. } Mᵐᵉ Renaut.
EUGÉNIE, fille de Mᵐᵉ de Saint-Félix.
Mᵐᵉ VIEUX-TEMPS, vieille voisine.

SOPHIE. } ses petites-filles
CAROLINE. }
AUGUSTINE, femme de chambre de Mᵐᵉ de Saint-Félix.
MANETTE, petite bonne de Mᵐᵉ Renaut.

Le 1ᵉʳ acte se passe chez Mᵐᵉ de Saint-Félix.
Le 2ᵉ acte chez Mᵐᵉ Renaut.

ACTE Iᵉʳ.

SCÈNE Iʳᵉ.

AUGUSTINE range le salon.

Tout est en ordre, à présent. Mademoiselle sort de pension aujourd'hui; elle va faire son entrée dans le monde. Je prévois que la place va être

meilleure. Femme de chambre d'une jeune fille !
il y a tout à gagner. *La porte s'entr'ouvre.*

SCÈNE II.

AUGUSTINE, Mme VIEUX-TEMPS.

Mme VIEUX-TEMPS.
Pst ! Vous êtes seule, Mademoiselle Augustine ?

AUGUSTINE.
Eh ! — C'est vous, Madame Vieux-Temps.

Mme VIEUX-TEMPS.
Je viens, ma mie, savoir des nouvelles. Madame
de Saint-Félix et Madame Renaut sont allées chercher leurs filles à la pension ; il paraît qu'elles n'y
retourneront plus ! Savez-vous qu'elles sont bien
jeunes ? Vous me direz qu'à présent, la jeunesse
s'instruit plus vite. De mon temps, on n'en ap-
prenait pas tant ; on vous laissait au couvent jusqu'à ce qu'un mari vînt vous chercher. Ah ! je me
le rappelle encore, c'était en 1700... Mais vous
n'étiez pas encore née. Tout a changé aujourd'hui.
A propos, dites-moi donc ce qui a déterminé ces
dames à retirer si vite leurs filles de pension ?
Parlez donc.

AUGUSTINE.
Mais, Madame Vieux-Temps, je n'ai pas encore
pu placer un mot, vous parlez avec une volubilité
surprenante. Savez-vous que vous êtes encore bien
vive, et puis, que vous dire ? vous savez tout.

Mme VIEUX-TEMPS.
Peu de chose, mon enfant, peu de chose. Les
mœurs et les coutumes ont tellement changé, qu'on
est bien aise de se mettre au courant.

AUGUSTINE.

Ça c'est vrai, Madame Vieux-Temps, tout a changé comme les costumes, assurément, rien ne doit ressembler à ce qui était autrefois.

Mme VIEUX—TEMPS soupirant.

Quelle différence !

SCÈNE III.

AUGUSTINE, Mme VIEUX-TEMPS, SOPHIE.

SOPHIE.

Bonne-maman, une voiture s'arrête à la porte : ce sont ces dames qui reviennent.

Mme VIEUX-TEMPS.

Voilà, voilà, mon enfant. (Elle revient.) Dites à ces dames que je viendrai leur faire une visite.

AUGUSTINE.

Oui, Madame.

Mme VIEUX—TEMPS revenant.

N'y manquez pas.

AUGUSTINE.

Soyez tranquille.

SOPHIE.

Venez, bonne-maman, nous reviendrons plus tard. Quel bonheur ! je vais prévenir ma sœur, nous jouerons avec Julia.

SCÈNE IV.

Mme DE SAINT-FÉLIX, Mme RENAUT, EUGÉNIE, ALBERTINE, JULIA, AUGUSTINE.

Mme De Saint-Félix donne son chapeau à Augustine. Elle fait signe à Mme Renaut de s'asseoir; elle s'assied elle-même et paraît essoufflée.

Mme DE SAINT-FÉLIX.

Que de peine pour réunir ce trousseau de pensionnaire ! En vérité, chère, si je n'avais pas craint de vous contrarier, j'aurais remis à demain cette corvée dont j'aurais chargé ma femme de chambre.

Mme RENAUT.

Vous ne m'auriez pas contrariée le moins du monde ; franchement, je crois qu'il vaut mieux que nous en soyons débarrassées. Je ne veux pas vous retenir plus longtemps, nous reviendrons plus tard.

Elle se lève.

ALERTINE à Eugénie.

Voilà un commencement de séparation, chère Eugénie, c'est le prélude de la nouvelle vie que nous allons mener.

EUGÉNIE.

Tu t'attristes, y penses-tu? Demeurant dans la même maison, nous nous verrons très-souvent.

JULIA.

Mais oui, ma sœur, tu viendras souvent.

ALBERTINE.

Je devrais me trouver satisfaite, je suis folle d'être triste.

Mme DE SAINT-FÉLIX.

Je désire, ma chère Albertine, que vous voyiez souvent ma fille ; vous avez profité des leçons de la pension, je ne me fais pas illusion. Eugénie est loin d'être aussi avancée que vous ; vos conseils lui seront quelquefois très-bons. Madame Renaut, je vous en prie, ne ménagez pas vos visites, elles me feront toujours plaisir.

Mme RENAUT qui a remarqué la froideur d'Eugénie.

Votre offre, Madame, me touche ; cependant, vous le dirai-je, je crois voir dans la vie toute nouvelle que vont prendre nos filles, tant de différence, que je crains qu'Albertine ne soit quelquefois importune. C'est ce que du reste elle devra discerner, et tout en profitant de vos bonnes invitations, elle saura borner ses acceptations aux circonstances.

Mme DE SAINT-FÉLIX.

Vous êtes cérémonieuse, Madame Renaut, n'importe, venez souvent ; je vous le répète, l'affection de votre fille sera nécessaire à la mienne.

ALBERTINE.

Et cette amitié ne lui manquera pas.

EUGÉNIE lui tendant la main.

Adieu, chère, à bientôt.

Les dames se saluent.

SCÈNE V.

Mme DE SAINT-FÉLIX, EUGÉNIE.

Mme DE SAINT-FÉLIX.

Ah çà ! ma chère enfant, malgré tes fatigues, ton émotion, oublie tout cela pour bien recevoir les personnes que j'attends pour fêter ton entrée dans le monde. A propos, as-tu dit à Albertine de venir ?

EUGÉNIE avec embarras.

Oui, maman, mais elle a refusé, le monde la fatigue ; elle aime mieux ne venir que lorsque nous serons seules. Madame Renaut prétend que n'ayant pas de fortune, la toilette d'Albertine ne serait pas convenable pour les personnes que nous recevons.

Mme DE SAINT-FÉLIX.

Quelle idée ! Mais en allant moi-même trouver Madame Renaut...

EUGÉNIE l'interrompant.

C'est inutile, elle serait on ne peut plus contrariée. Les personnes qui ont éprouvé des malheurs sont si susceptibles !

Mme DE SAINT—FÉLIX.

Enfin, ma fille, je n'insisterai pas ; je crois que tu as fait toutes les instances possibles. Madame Renaut n'est pas riche, il est vrai, mais elle est née de parents distingués : son mari n'a pas réussi dans les affaires ; il l'a laissée veuve avec des dettes à payer et deux filles à élever ; elle a payé les dettes avec sa dot, et avec les débris de sa fortune, elle a donné de l'éducation à ses filles ; c'est fort beau. Cette femme a conservé dans le malheur une dignité de caractère qui lui fait honneur. L'éducation nivelle les positions, et je ne trouverais pas que Madame Renaut et sa fille fussent déplacées dans mon salon.

EUGÉNIE.

Il est vrai, maman, ces dames sont fort bien ; j'aime beaucoup Albertine, une autre fois, peut-être accepteront-elles.

Mme DE SAINT—FÉLIX.

J'y compte, je m'arrangerai pour cela.

Elle sonne.

SCÈNE VI.

Les Mêmes, AUGUSTINE.

Mme DE SAINT—FÉLIX.

Rangez ce salon. Dites à Germain qu'il faut que le dîner soit prêt à 7 heures. Viens, Eugénie, dans ta chambre, tu verras si ta mère a pensé à toi.

EUGÉNIE.

Chère maman, je suis sûre que tout est parfait. (Avec tendresse.) Tu m'aimes tant !

Mme DE SAINT—FÉLIX.

J'ai peur de t'avoir un peu gâtée,

SCÈNE VII.

AUGUSTINE seule, rangeant.

Oui, vous l'avez bien gâtée votre fille, elle est bien fière, bien orgueilleuse.

SCÈNE VIII.

Mme VIEUX-TEMPS, SOPHIE, CAROLINE, AUGUSTINE.

Mme VIEUX-TEMPS.

Eh bien! Madame est-elle visible?

AUGUSTINE.

Je n'en suis pas certaine. Madame est très-occupée, n'importe, je vais l'avertir que vous êtes là. (A part.) Vieille sorcière, Madame se passera bien de ta visite.

SCÈNE IX.

Mme VIEUX-TEMPS, SOPHIE, CAROLINE.

Mme VIEUX-TEMPS s'asseyant.

Asseyez-vous, mes petits enfants, asseyez-vous. Madame la comtesse va venir, soyez-en sûres.

SOPHIE.

Tant mieux, grand'-mère, car c'est bien ennuyeux d'attendre.

CAROLINE.

J'aurais bien mieux aimé rester jouer à la maison.

SOPHIE.

C'est si insipide les visites, il faut se tenir raide comme une poupée de carton, et ne pas parler, ce qui est plus désagréable encore.

CAROLINE.

Si l'on me fait attendre encore, je m'en vais.

SOPHIE.

Moi, je casse quelque chose.

CAROLINE.

C'est cela, cassons tout.

Elles font semblant de briser leurs chaises.

Mme VIEUX-TEMPS.

Là, là! mes petits enfants, calmons-nous, ne faut-il pas que vous vous habituiez aux usages du monde? Défunt votre grand'-mère, ma pauvre fille disait toujours à votre mère : Donnez de bonne heure l'habitude du monde à vos enfants. Hélas! elles ne sont plus, je survis à tous les miens, et toute vieille que je suis, je veux vous bien élever.

SOPHIE.

Mais, bonne-maman, de votre temps on ne menait pas les enfants en visite.

CAROLINE.

Puisque même un jour, que vous vous êtes assise sur une omelette

SOPHIE.

Comment, comment, je ne sais pas cette histoire.

CAROLINE.

Bonne-maman me l'a racontée.

SOPHIE.

Contez-moi cette histoire, bonne-maman, elle nous fera patienter.

Mme VIEUX-TEMPS.

Petits monstres, il faut toujours vous céder. Voilà : Un jour que nos parents étaient en visite, mes frères et moi nous fîmes faire un bon souper, et comme nous allions nous mettre à table, les parents rentrèrent; jugez de notre frayeur! Je pris l'omelette, je m'assis fièrement dessus. Ma mère était furieuse, mon père riait, je lui avouai ce que j'avais sous moi; alors il éclata, et voulut qu'on achevât le souper, mais ma mère nous fit payer cher cette plaisanterie.

SOPHIE.

Que vous fit-elle?

Mme VIEUX-TEMPS.

Nous fûmes fouettées d'importance.

SOPHIE.

Mais c'était affreux de vivre dans ce temps-là. Comme je me serais révoltée! Tenez, bonne-maman, vous avez bien fait de ne pas élever vos enfants si durement, ils ne vous auraient pas tant aimée.

CAROLINE.

C'est vrai, aussi comme nous vous aimons! Vous nous passez tout, vous ne vivez que pour nous.

SOPHIE.

Sans vous, que deviendrions-nous? pauvres orphelines que nous sommes! Aussi, que le bon Dieu vous fasse vivre bien longtemps pour notre bonheur.

CAROLINE.

Je vous soignerai si bien que vous n'aurez plus ni rhumatisme ni catarrhe.

Mme VIEUX-TEMPS.

Pauvres chères petites, qu'elles sont gentilles!

SOPHIE.

Ah! l'on vient.

SCÈNE X.

Les Mêmes, AUGUSTINE.

AUGUSTINE.

Madame n'y est pas; mais je lui dirai que vous êtes venue, et elle ne manquera pas de vous rendre votre visite.

Mme VIEUX-TEMPS.

Témoignez-lui tous mes regrets, je vous en conjure.

SCÈNE XI.

AUGUSTINE, seule.

Nous en voilà débarrassés. Madame ne sait seulement pas qu'elle est venue. Voici Mademoiselle. Allons à notre besogne.

SCÈNE XII.

EUGÉNIE, seule.

Enfin, me voilà un personnage; on me regarde, on fait attention à moi.... Je suis une riche héritière! Que cette vie va me plaire! Ne plus être pensionnaire, quel bonheur! Une chose me tourmente : cette amitié d'Albertine. — Elle prend tout au sérieux, Albertine. — En pension, on s'aime, parce qu'on a besoin l'une de l'autre, que les rapports sont forcément intimes; mais sorties de pension, ce n'est plus cela, il faudra pourtant qu'elle le comprenne. (Albertine entre.) Comment, la voici.

SCÈNE XIII.

EUGÉNIE, ALBERTINE. Elle saute au cou d'Eugénie qui ne fait pas un pas.

ALBERTINE.

Je n'y tenais plus, chère Eugénie; à peine quelques heures se sont écoulées, je m'ennuie de ne pas te voir, et puisque ta mère a été assez bonne pour m'engager à venir toutes les fois que cela me ferait plaisir, j'avais envie de venir, et je te demande à dîner.

EUGÉNIE, avec effroi.

A dîner ?

ALBERTINE.

Cela paraît te surprendre, en serais-tu fâchée ?

EUGÉNIE, avec embarras.

Du tout... J'en suis ravie... Comment donc... Notre amitié est si grande !

ALBERTINE, à part.

Comme elle me parle ! Qu'a-t-elle ? Feignons de ne pas la comprendre. (Haut.) J'étais sûre que cela te ferait plaisir.

EUGÉNIE.

Certainement. — Permets que j'aille donner quelques ordres, prévenir ma mère, et je suis à toi.

SCÈNE XIV.

ALBERTINE, seule.

Quel embarras ! quel langage ! Est-ce là cette amie qui ne pouvait se passer de moi, qui me jurait une éternelle amitié ? Sa nouvelle position aurait-elle changé ses sentiments ? Si cela est, cachons nos souffrances dans notre cœur. Hélas ! que dire quand on ne nous aime plus ?... La fleur de l'oubli croît dans le cœur du riche ; comme l'ivraie qui étouffe le bon grain, elle étouffe le souvenir, pauvre petite fleur que l'âme du pauvre entretient, parce qu'elle fait son bonheur. — La voici, laissons-la faire.

SCÈNE XV.

ALBERTINE, EUGÉNIE, AUGUSTINE met le couvert.

EUGÉNIE.

Je suis tout à toi à présent. Seulement je t'a-

vertis que tu vas faire un maigre dîner : ma mère
n'y est pas, nous avons ce soir grande réception,
et j'ai pensé qu'un petit dîner en tête-à-tête te ferait plus de plaisir que notre dîner d'apparat.

ALBERTINE, résignée.

Comme tu voudras, chère amie; je suis avec
toi, c'est tout ce qu'il me faut.

AUGUSTINE.

Ces demoiselles sont servies.

EUGÉNIE.

Mettons-nous à table. — Parlons un peu de la
pension. Il me semble qu'il y a un siècle que je l'ai
quittée. — Mais tu ne manges pas, serais-tu in-
disposée ?

ALBERTINE.

Toi-même, Eugénie, tu touches à peine à ce
qui est sur la table.

EUGÉNIE.

C'est que je ne trouve pas cela très-bon. Augustine, où avez-vous pris cette crême ?

AUGUSTINE.

Chez la crémière d'en face, Mademoiselle. Elle
est un peu tournée, mais elle a dit que ce serait
plus rafraîchissant.

EUGÉNIE.

Je suis désespérée de ce mauvais repas ; heureusement tu es indulgente et tu ne m'en voudras pas.

ALBERTINE, qui contient son dépit.

Nullement, je t'assure. Mais permets-moi de te
quitter ; ma mère doit être rentrée.

EUGÉNIE.

Je ne veux pas te contrarier.

ALBERTINE, à part.

Ah ! c'en est trop, partons ! Je ne pourrais contenir plus longtemps mon indignation. — Adieu, Eugénie, adieu.

EUGÉNIE.

A bientôt.

SCÈNE XVI.

EUGÉNIE, AUGUSTINE.

AUGUSTINE.

Mademoiselle Albertine paraît fâchée.

EUGÉNIE.

Que veux-tu? cette sotte amitié de pension ne peut durer. Je ne voudrais pas pourtant que maman le sût, elle en serait fâchée. Bah! j'irai un jour bien gentiment demander à dîner à Albertine, et elle sera enchantée.

AUGUSTINE.

Allez à votre toilette, Mademoiselle; madame votre mère ne s'apercevra de rien.

ACTE II.

SCÈNE Ire.

JULIA, SOPHIE et CAROLINE jouent; Mme RENAUT travaille; ALBERTINE lit et paraît réfléchir.

JULIA.

Assez jouer à la poupée; moi j'aime mieux jouer à la dame.

CAROLINE.

Oui, jouons à la dame.

SOPHIE.

Petites sottes! Comme c'est amusant de jouer à la dame!

JULIA.

Mademoiselle, c'est très-amusant. Tenez, vous n'êtes pas en train; est-ce que nous allons nous disputer et être tristes comme ma sœur, depuis qu'elle a quitté la pension.

SOPHIE.

Bah! conte-nous cela.

JULIA.

Faisons semblant de jouer pour que maman ne nous écoute pas.

CAROLINE.

Oui, c'est cela.

SOPHIE.

Eh bien! sais-tu ce qui rend triste ta sœur?

JULIA, avec mystère.

Le jour de notre arrivée, ma sœur est allée demander à dîner à Eugénie; elle est revenue toute triste, et depuis elle n'est pas retournée chez Eugénie.

CAROLINE.

Elle est si fière, Mademoiselle Eugénie, qu'elle aura mal reçu ta sœur.

SOPHIE.

Ce serait bien mal.

Mme RENAUT.

Vous êtes bien sérieuses, mes enfants, est-ce que vous ne jouez plus?

ENSEMBLE.

Si, maman; si, Madame.

SCÈNE II.

LES MÊMES, Mme VIEUX-TEMPS.

Mme Renaut et Albertine veulent la faire asseoir.

Mme VIEUX-TEMPS.

Merci, merci, ne vous dérangez pas. Vous êtes

éellement trop bonnes. Je venais chercher mes
petits-enfants.

ALBERTINE.

Ne voulez-vous pas vous reposer un instant?

Mme VIEUX-TEMPS.

Je suis confuse de vos politesses, chère demoi-
selle Albertine. Que vous ressemblez peu à votre
amie! Croiriez-vous, Madame, qu'il m'a été impossible d'être reçue par ces dames! Elles sont
d'une fierté! De mon temps, la noblesse avait à
cœur d'être au moins polie.

Mme RENAUT.

Votre âge vous rend peut-être susceptible, Madame; je ne puis supposer tant de mauvais vouloir dans Madame de Saint-Félix; elle était sans
doute très-occupée, ainsi que sa fille.

Mme VIEUX-TEMPS.

Elle n'était pas occupée du tout. Enfin, n'en
parlons plus.

Mme RENAUT.

Oui, oubliez cela. Seriez-vous assez aimable
pour venir passer la soirée avec nous?

Mme VIEUX-TEMPS.

Je vous remercie infiniment, Madame; mais
les vieillards et les enfants se couchent de bonne
heure, et je craindrais que votre soirée ne se pro-
longeât trop tard.

Mme RENAUT.

Vous resterez autant que cela vous fera plaisir.

Mme VIEUX-TEMPS.

Dans ce cas, j'accepte. (A part.) Qu'elle est aimable! quelle différence avec les Saint-Félix. Allons,
mes petits-enfants, faites vos adieux et partons.

Les enfants embrassent ces dames.

JULIA.

Maman, veux-tu que j'aille avec Sophie et Caroline?

Mme RENAUT.

Oui, mon enfant. (A Mme Vieux-Temps.) A ce soir, Madame.

SCENE III.

Mme RENAUT. ALBERTINE est allée reprendre son livre et sa place.

Mme RENAUT, regardant sa fille.

Toujours pensive, toujours triste. C'est singulier, ce changement qui s'est opéré dans ma fille depuis sa dernière visite chez Eugénie. Je veux absolument tout savoir. Ce jeune cœur semble froissé, il souffre. Ah! moi sa mère, il faut que je la console, que je sache ce qu'il en est. (A Albertine.) Tu es triste, Albertine, tu souffres, tu caches quelque chose à ta mère; c'est mal, mon enfant. Voyons, dis-moi tes peines; elles sont graves, puisqu'elles font plisser ton jeune front. Je te plaindrai; va, tu ne sais pas ce que c'est qu'un cœur de mère!

ALBERTINE.

Comment ne pas m'en douter au milieu des soins dont tu m'entoures, des tendresses que tu me prodigues?

Mme RENAUT.

Mais toute affection veut de la confiance, et tu ne me donnes pas la tienne. J'ai un soupçon : tu n'as pas trouvé dans ton amie Eugénie ce que tu comptais trouver; en un mot, elle t'a peut-être fait sentir la distance qui régnait entre vous...

ALBERTINE interrompant.

Oh! maman.

Mme RENAUT.

Une mère est clairvoyante. Tu as été humiliée, mon enfant, ton cœur est froissé, mais il aime et souffre encore. Enfin, la réception que l'on t'a faite a dû être peu aimable.

ALBERTINE.

Je ne m'en plains pas, chère maman ; mon Dieu, ma tristesse tient à bien peu de chose, elle est sans motif ; il ne faut l'attribuer qu'à mon changement de vie. L'avenir me préoccupe à présent. Quant à la réception que m'a faite Eugénie, elle était simple et naturelle.

Mme RENAUT.

Je le sais, tu me l'as raconté, en effet, c'était fort simple : des mauviettes gâtées, de la crème tournée.

ALBERTINE.

Chère maman, un accident.

Mme RENAUT.

Accident qui t'a fait fort mal dîner, dîner indigeste, que tu ne peux encore digérer.

SCÈNE IV.

LES MÊMES, MANETTE qui apporte une lettre.

MANETTE.

Voici une lettre que le domestique de Mademoiselle de Saint-Félix vient d'apporter pour vous, Mademoiselle.

ALBERTINE avec empressement.

Donne. (A sa mère.) C'est d'Eugénie. (Elle lit.) « Je t'ai, ma chère amie, fait une singulière réception, je l'avoue ; je compte tellement sur ta bonté, que j'ai la certitude que tu ne m'en veux pas ; aussi,

je profite de l'absence de ma mère, pour te prévenir que je viendrai sans façon aujourd'hui, te
demander à dîner. Je te serre la main, sans ran-
cune. Eugénie de Saint-Félix. »

ALBERTINE joyeusement.

Ah! je savais bien que mon amie était toujours
la même! C'est vrai, chère maman, j'étais triste,
parce que je croyais qu'elle ne m'aimait plus; mais
maintenant, oh! je suis heureuse, je m'étais
trompée.

Mᵐᵉ RENAUT.

Pauvre enfant, comme tu t'abuses!

ALBERTINE.

Comment, maman, tu ne trouves pas ce petit
billet très-aimable?

Mᵐᵉ RENAUT.

Je le trouve d'une froideur désespérante, l'orgueil perce à travers ces quelques lignes; elle croit
te faire tant d'honneur, qu'elle est certaine que sa
présence te fera oublier son impertinent dîner.

ALBERTINE.

Ah! maman, que tu juges sévèrement mon amie.

Mᵐᵉ RENAUT avec entraînement.

Ton amie! Sais-tu ce que c'est qu'une amie,
mon enfant? Hélas! on a fait de ce titre sacré un
mot banal que l'on prodigue trop souvent. Une
amie, c'est une autre nous-même, qui nous est dé-
vouée, qui sacrifie ses goûts aux nôtres, qui souffre
de nos maux, qui nous plaint, nous console, et au
besoin nous gronde. Pour comprendre la véritable
amitié, il faut que la raison ait mûri; il faut avoir
mis à l'épreuve le cœur que l'on veut aimer. Et
ce n'est pas en pension que l'on fait ces amitiés-là.
Préjugé stupide, dicton bien faux que celui qui dit

que les amitiés de pension ne s'oublient pas. On
s'aime en pension, parce que l'on a toujours besoin d'aimer quelque chose. On s'aime parce qu'on
s'amuse ensemble ; on s'aime, hélas! bien légère-
ment, car l'amitié de la veille est remplacée par
celle du lendemain ; on croit éternel ce qui ne
durera qu'un jour. L'éternité de la pensionnaire,
c'est la vie de cet insecte qui naît le matin, et le
soir a cessé de vivre. L'on grandit, les goûts chan-
gent, et, comme l'a dit Chateaubriand : « Il y a
toujours deux points par où deux cœurs ne se
touchent pas, et ces points suffisent à la longue
pour détruire l'amitié. »

ALBERTINE.

Il faut donc y renoncer! Pourquoi me défendre
d'aimer? Je trouvais qu'il était si doux de marcher deux dans la vie, de se soutenir, d'avoir les
mêmes pensées, les mêmes désirs, de suivre la
même carrière. Quoi! les émotions de notre cœur
ne seraient que mensonge?

Mme RENAUT.

Le cœur et l'imagination de la jeune fille se
confondent souvent. Je suis loin de t'empêcher
d'aimer ; mais je tiens à te prouver que ton affection pour Eugénie est mal placée; toi-même le
nies sans t'en apercevoir. Où sont, dis-moi, les
sympathies que tu citais tout-à-l'heure? Les mêmes pensées? Eugénie déteste le travail ; les mêmes
désirs? elle ne veut que plaire et briller ; la même
carrière? dis-moi si celle que tu veux suivre a de
l'analogie avec la vie de luxe et de plaisir que va
mener Eugénie?

ALBERTINE.
C'est vrai, maman, quelle différence!

Mme RENAUT.

Sais-tu que cette amitié te serait fatale ; tu serais entraînée malgré toi, pauvre enfant, à négliger tes devoirs. Comme le ruisseau qui entraîne la fleur tombée sur les plis de son onde, l'emmène dans sa course vagabonde ; ainsi ton amitié, chère fille, pauvre fleur tombée de ton cœur, suivra-t-elle fatalement le cours qui l'entraîne, et perdra bientôt son illusion, comme la fleur sa beauté.

ALBERTINE.

Oh ! maman, que ce tableau est vrai ! J'aimais tant Eugénie ! Je le vois, elle ne m'aimait pas. Je veux suivre tes conseils, attendre pour aimer que l'on m'aime véritablement. (Avec tendresse.) Dis-moi, chère maman, m'aimera-t-on un jour ?

Mme RENAUT souriant.

Chère, bien chère enfant, je te le promets, on t'aimera. Et puisque tu veux suivre mes conseils, laisse-moi donner à notre orgueilleuse, une leçon dont elle se rappellera.

ALBERTINE.

O ! ne lui fais pas de peine.

Mme RENAUT.

Sois tranquille, laisse-moi faire.

SCÈNE V.

ALBERTINE seule, puis **EUGÉNIE.**

Oui, ma mère a raison. Eugénie ne m'aime pas. Si elle est orgueilleuse, je suis fière. Abandonnons-nous à cette bonne mère ; ah ! au moins on peut être sûre de cette affection-là. (On vient.)

MANETTE annonçant.

Mademoiselle de Saint-Félix.

EUGÉNIE.

Ah ! chère, que j'avais hâte de te voir. J'ai si peu de temps à moi. J'ai pensé que je te ferais plaisir en venant sans façon te demander à dîner.

ALBERTINE.

Certainement tu as bien fait ; pourtant ta lettre m'a prise au dépourvu. Permets-moi de prévenir ma mère, je reviens à l'instant.

SCÈNE VI.

EUGÉNIE, seule.

Albertine semble embarrassée ; ces petites gens voudraient-ils me rendre la pareille. Si je m'en allais ? — Ce n'est pas possible. — C'est une leçon qu'on veut me donner, dévorons-la en silence, et plus tard nous romprons.

SCÈNE VII.

EUGÉNIE, ALBERTINE, MANETTE qui suit avec
ce qu'il faut pour mettre le couvert.

ALBERTINE.

Ma mère me charge de te faire ses excuses ; nous avons ce soir une petite réunion d'amis ; c'est un dîner qui t'ennuierait : des artistes, des gens de lettres ; nous serons mieux là, dans cette chambre, toutes deux ; nous pourrons causer à notre aise.

EUGÉNIE, à part.

Ah ! j'avais deviné. (Haut.) Soit, chère Albertine, dînons ensemble.

MANETTE.

Dame ! il ne sera pas très-bon le dîner : un pâté de huit jours et de la crème tournée.

ALBERTINE.

Tais-toi, Manette, et sers-nous.

MANETTE.

Oui, Mamzelle, je me tais. Faut-y mettre des serviettes? C'est pas la peine, n'y a pas de sauce.

ALBERTINE.

Sais-tu, chère Eugénie, que je te trouve embellie.

EUGÉNIE.

Vraiment tu me flattes.

ALBERTINE.

Tu as quitté ce costume de pensionnaire, que comme deux folles nous avions juré de toujours porter.

EUGÉNIE.

Que veux-tu? les exigences du monde.

ALBERTINE.

Qui mieux que moi en a fait l'expérience? Le monde, que ne lui sacrifie-t-on pas!... Mais tu ne manges pas?

EUGÉNIE.

Je suis un peu souffrante. (A part.) J'enrage.

ALBERTINE.

Excuse-moi si je te donne un si mauvais dîner, entre amies on se traite sans façon; tu sais qu'un jour où l'on reçoit on ne peut avoir tout ce qu'on voudrait. Tu as passé par là, n'est-ce pas?

EUGÉNIE.

Aussi je ne veux pas te retenir plus longtemps.

> Elle se prépare à sortir; Mme Renaut se trouve sur son passage.

SCÈNE VIII.

Mme RENAUT, ALBERTINE, EUGÉNIE.

Mme RENAUT.

Vous alliez partir, Mademoiselle; restez, je vous prie.

5.

EUGÉNIE.

Ah! Madame, vous m'avez donné une leçon ;
j'en profiterai. Albertine, nous sommes quittes.

ALBERTINE, avec tendresse.

Si ton cœur au moins m'était rendu !

EUGÉNIE.

Peux-tu en douter, Albertine.

Mme RENAUT, à sa fille.

Doute, mon enfant, ou plutôt ne crois pas. Eugénie ne te reverra plus. (A Eugénie, amicalement.) En
mère de famille, j'ai voulu, il est vrai, Mademoiselle, vous donner une leçon ; jugez de ce que ma
fille a dû souffrir ! Pardonnez-nous cette petite
vengeance, oubliez-la en restant avec nous et
profitant de la petite fête que nous allons donner.

EUGÉNIE.

Vos bontés me confondent, Madame ! Voulez-
vous y mettre le comble en n'instruisant pas ma
mère de ce qui s'est passé? — Oui, j'accepte votre
invitation. (Elle tend la main à Albertine.) Tu ne m'en
veux plus?

ALBERTINE.

Non vraiment.

EUGÉNIE, à part.

Amusons-nous, puisque l'occasion s'en présente
et que ma mère ne saura pas mon étourderie.

ALBERTINE.

Encore une fois je garde mon cœur pour une
meilleure occasion.

LOUISE ET MARIE

ou

ANGE ET DÉMON,

COMÉDIE EN 1 ACTE.

PERSONNAGES.

Mme BERNARD, maîtresse.	EUGÉNIE, véritable amie.
1re SURVEILLANTE.	CAROLINE, amie de Louise.
2me SURVEILLANTE.	SOPHIE, élève timide.
LOUISE.	LODOISKA, amie de pension.
MARIE.	ÉLÈVES.
CLÉMENCE, amie de Marie.	

SCÈNE Ire.

TOUTES LES ÉLÈVES.

Elles travaillent à l'aiguille, excepté Marie qui les taquine. Deux surveillantes sont présentes ; l'une est au bureau, qui écrit, l'autre examine les ouvrages. Lodoïska a sur ses genoux un immense carton qui contient son ouvrage. A chaque instant elle s'éloigne de ses compagnes ; Marie est derrière elle qui lui tire son coton.

LODOÏSKA.

Finissez, Mademoiselle, vous m'agacez.

MARIE.

Petite sotte, je te fais beaucoup d'honneur en m'occupant de toi.

LODOÏSKA, avec hauteur.

Pouvez-vous expliquer en quoi consiste cet honneur?

MARIE.

Vous ne le savez pas? — Vous n'êtes pas forte, chère amie, ou vous êtes bien aveugle de ne pas avoir encore remarqué la différence énorme qui existe entre nous.

SOPHIE.

Ou vous voulez plaisanter, Marie, ou votre orgueil ne se comprend pas. Entre compagnes, qui nous distingue? — L'instruction, et par-dessus tout la bonté. Pouvons-nous, franchement, vous considérer comme nous étant supérieure, vous qui ne pratiquez pas ces deux qualités.

CLÉMENCE.

Vous ignorez complètement le monde, voilà pourquoi vous ne comprenez pas Marie.

LODOÏSKA.

Je ne vois pas encore en quoi consiste la supériorité de Marie sur nous.

MARIE.

Vous me faites pitié! vous, dont la mère fait elle-même la cuisine!

LODOÏSKA furieuse.

Impudente!... Ma mère fait la cuisine, c'est vrai, mais elle la fait en robe à volants.

MARIE haussant les épaules.

Pauvre petite!...

VALENTINE.

Vous croyez donc qu'il n'y a que chez vous que c'est beau? Chez nous, Mademoiselle, c'est couvert de tapis, de candélabres.

CLÉMENCE.

Que jamais personne n'a vus.

MARIE.

Assez, petites, ménagez-moi; plus tard, je pourrai vous accorder ma protection.

LES PETITES chantent.

Nous n'en voulons pas, etc.

MARIE va s'asseoir près de Constance.

Otez-vous, c'est ma place.

CONSTANCE.

Votre place! il n'y en a pas; d'ailleurs je suis avant vous.

MARIE.

En orthographe, peut-être?

CONSTANCE.

Non, mais en style.

MARIE.

Allons, reculez. Elle la fait tomber.

1ʳᵉ SURVEILLANTE.

Quel tapage! bon Dieu! Jusqu'à présent, Mesdemoiselles, je n'ai pas cru devoir vous interrompre; mais vos conversations prennent des proportions effrayantes.

2ᵐᵉ SURVEILLANTE.

Mademoiselle Marie ne veut rien faire et dérange ses compagnes; Louise seule a travaillé pendant ce brouhaha.

MARIE, à part.

Louise, toujours Louise. Oh! l'opinion changera sur son compte.

1ʳᵉ SURVEILLANTE.

C'est toujours vous, Marie, qui mettez le désordre.

TOUTES.

C'est bien vrai.

VALENTINE.

Elle mange nos provisions, ou les dénature.

CONSTANCE.

Elle a mordu autour d'un gâteau que mon oncle m'a envoyé.

CLÉMENCE.

C'était pour s'assurer si tu pouvais le manger sans crainte.

AMÉLIE.

Qui a rempli les bouts de ligne de mon cahier par de vilains mots?

HENRIETTE.

Qui a coupé le cordon de la portière, et a cousu l'habit du professeur après ma robe?

TOUTES.

Marie, Marie.

MARIE.

Allez, allez toujours; mettez sur mon compte tous les méfaits commis.

EUGÉNIE.

Cette accusation générale manque de générosité, Mesdemoiselles. Est-il juste et charitable de toujours accuser Marie?

AMÉLIE.

C'est vrai, pourquoi ne pas accuser Louise?

2ᵐᵉ SURVEILLANTE.

Ah! Louise! c'est différent; elle est incapable de quoi que ce soit de mal.

HENRIETTE.

Comme c'est étonnant! c'est une des préférées de Madame.

AMÉLIE.

Il est de fait que celle-là peut faire tout ce qu'elle veut; on la trouve parfaite; ce n'est pas comme certaines d'entre nous qui n'ont, à ce qu'on dit, aucune qualité.

HENRIETTE.

Moi, je trouve que les maîtresses se donnent beaucoup trop de peine pour réformer nos caractères; je leur reconnais le droit de nous montrer la grammaire, l'histoire; quant au reste, cela regarde nos parents.

1re SURVEILLANTE.

Et vous vous étonnez des préférences que peuvent faire les maîtresses! Tout recevoir, ne rien donner, voilà les élèves.

2e SURVEILLANTE.

Heureusement, toutes ne sont pas ainsi, et une élève comme Louise console de vingt élèves comme Marie; mais je remarque que Louise n'a pas dit un mot; elle semble triste.

1re SURVEILLANTE se levant et s'approchant de Louise.

En effet, vous paraissez préoccupée, qu'avez-vous?

LODOÏSKA.

C'est tout simple, elle n'est pas sur le tableau d'honneur.

2e SURVEILLANTE.

Comment! ce serait cette raison? Ce n'est pas possible.

AMÉLIE.

Vous voyez que l'élève parfaite est parfois sujette à des imperfections.

1re SURVEILLANTE.

Puis-je croire, chère enfant, que ce soit ce motif qui vous attriste?

LOUISE.

Pouvez-vous le penser!

MARIE s'approchant de Louise.

Chère Louise, tu es si bonne, que ton chagrin se communique à nous. Si je plaisante parfois, au fond je vaux mieux, et ta tristesse m'afflige. (A part.) Il faut agir ainsi pour qu'elle ne se doute de rien.

LOUISE, à part.

Mes soupçons ne seraient-ils pas fondés?

1re SURVEILLANTE.

Allez, Mesdemoiselles, aux salles d'étude. Louise, restez, Madame va venir.

SCÈNE II.

LOUISE, seule.

Je prévois les questions de Madame... Je n'ai pas été assez dissimulée... J'aurais dû cacher mon chagrin... Comment ne pas être étonnée... Je croyais bien avoir deviné l'auteur de cette méchanceté... Mais elle s'est approchée de moi amicalement... On ne sert pas la main d'une amie que l'on trompe... Judas a bien trahi le Sauveur par un baiser... Qui donc a déchiré mes livres? — J'entends Madame, disons la vérité sans accuser personne.

SCÈNE III.

MADAME, LOUISE.

MADAME.

On vient de me dire, ma chère enfant, que tu étais fort triste; on ajoute que cette tristesse est la suite du violent désespoir que tu as éprouvé samedi, en ne voyant pas ton nom sur le tableau d'honneur.

LOUISE.

Il est vrai, Madame, que j'étais bien affligée;

mais ce n'est pas là la cause. (Elle va chercher ses livres.) Voyez dans quel état j'ai trouvé mes livres.

MADAME.

Qui t'a fait une pareille méchanceté?

LOUISE, embarrassée.

Je l'ignore, Madame.

MADAME.

Sur qui, mon enfant, laisser planer mes soupçons, quand toi-même n'en as aucun? Comment trouver l'auteur de ce méfait qui n'a voulu faire, peut-être, qu'une sotte plaisanterie, bien sotte à la vérité, mais dont tu t'effraies trop? Questionner les élèves, — triste moyen, le seul pourtant. — Va, Louise, dis à Sophie et à Clémence de venir me parler. Tu viendras quand je te ferai demander.

Louise sort.

SCÈNE IV.

MADAME, seule.

Il faut absolument que je sache la vérité. — Louise a de l'ordre; elle est sensible, incapable de faire peine à ses compagnes; elle s'étonne et s'afflige qu'on l'ait choisie pour victime. Pauvre chère enfant, dissipons ce petit chagrin.

SCÈNE V.

SOPHIE, CLÉMENCE, MADAME.

MADAME.

Voici dans quel état on a mis les livres de Louise. Est-ce vous, qui, pour plaisanter et sans mauvaise intention, avez voulu lui jouer un tour?

SOPHIE.

Ah! quelle horreur! Je vous assure, Madame, que ce n'est pas moi.

CLÉMENCE.

Ni moi, Madame, je vous le jure.

MADAME.

Ne jurez pas, c'est inutile. Saviez-vous que des livres avaient été déchirés?

SOPHIE.

Voilà la première fois, Madame, que nous en entendons parler.

MADAME.

Comment! Louise ne vous en a rien dit?

CLÉMENCE.

Pas un mot. Depuis avant-hier elle est d'une tristesse extraordinaire; elle ne parle à personne, soupire, et quand on lui demande ce qu'elle a... elle répond... elle répond...

MADAME.

Éh bien?

CLÉMENCE.

Rien.

SOPHIE.

Vous savez, Madame, qu'en apprenant qu'elle n'était pas sur le tableau d'honneur elle a fondu en larmes; c'était un désespoir à fendre le cœur, et depuis elle ne s'est pas consolée.

CLÉMENCE.

On ne peut pas toujours être sur le tableau d'honneur.

MADAME.

Sans doute, mais cela n'explique pas pourquoi on a déchiré ses livres.

SOPHIE.

Pour cela, on n'en sait rien.

MADAME, à part.

Que veulent-elles dire? Cette affaire qui avait

l'air d'une peccadille renferme quelque chose de mystérieux. Ne les questionnons pas davantage ; nous n'en apprendrions pas plus. — Observons.

SCÈNE VI.

Les Mêmes, CONSTANCE.

CONSTANCE.

Il y a du monde au salon ; on demande Madame.

MADAME.

C'est bien, j'y vais. *Elle part.*

SCÈNE VII.

Les élèves entrent du côté opposé où Madame est sortie.

CLÉMENCE, SOPHIE, EUGÉNIE, CAROLINE, MARIE, LODOISKA. Toutes les Elèves.

SOPHIE, allant au-devant d'elles.

Venez, venez, nous en avons à vous conter.

CLÉMENCE.

C'est très-curieux, vous allez voir.

LODOÏSKA.

Est-ce ton o ! péra-comique, comme tu l'écrivais pompeusement hier, dont tu vas nous donner la représentation.

SOPHIE.

Ce sera peut-être un drame.

VALENTINE, joyeusement.

On va jouer la comédie ! Oh ! quel bonheur ! Verra-t-on des zouaves ? Moi je les aime beaucoup.

CONSTANCE.

J'en ai vu l'autre jour un ouave ; c'est bien joli.

HENRIETTE, riant.

Un ouave !

CONSTANCE.

Eh bien ! oui, un ouave.

LODOÏSKA.

Qu'est-ce que c'est que ça ?

CONSTANCE, très-animée.

Ça ! Sachez qu'on ne dit pas ça des ouaves. Ça ! ça se bat en Afrique, en Orient ! Ça se fait tuer pour la patrie !

AMÉLIE.

A la bonne heure, tu dis zouave à présent.

CONSTANCE.

Je dis un ouave quand il n'y en a qu'un, et des zouaves quand il y en a plusieurs.

AMÉLIE.

Voilà une règle de grammaire sans exception, qui nous fait oublier l'événement du jour.

TOUTES.

Voyons, quel est cet événement ?

SOPHIE.

Les livres de Louise que l'on a trouvés déchirés, impossible de savoir qui.   Madame écoute.

CLÉMENCE.

Ce n'est pas impossible, Louise était fâchée de ne pas être sur le tableau d'honneur ; qui sait ? dans sa rage elle aura déchiré ses livres pour faire croire qu'on lui en voulait.

MADAME, cachée.

Quel trait de lumière !

CAROLINE.

Pouvez-vous croire que Louise ait commis une pareille action ? Vous ne savez pas tout ce qu'il y a de bon dans son cœur, combien peu elle est capable de faire le mal !... Vous ne l'aimez pas, parce qu'elle travaille, parce qu'elle est bonne ; ses succès vous portent ombrage, et vous font dire que Madame la préfère. Pourquoi Madame n'aimerait-elle pas une élève qui a confiance en elle, qui flatte son cœur et son amour-propre? Pour moi, je n'ai qu'un désir : marcher sur les traces de Louise et lui ressembler.

MARIE.

C'est en effet un joli modèle. Louise est très-gentille, c'est vrai; mais avouez qu'elle n'a pas le moindre esprit? Ce qui la rehausse à vos yeux, c'est la grande faveur que les maîtres lui accordent; elle ne fait pas de bruit par exemple.

LODOÏSKA.

Et Dieu sait quel prix Madame attache aux élèves tranquilles! — Comme si nous n'étions pas cent fois plus intelligentes que Louise.

ALINE.

Il me serait impossible de rester comme elle des journées sans parler.

SCÈNE VIII.

Les Mêmes, LES SURVEILLANTES.

1re SURVEILLANTE.

Mesdemoiselles, le professeur de musique vous attend.

2me SURVEILLANTE.

Allons, rentrez avec ordre.

Elles partent, excepté Marie et Eugénie.

SCÈNE IX.

MARIE, EUGÉNIE.

EUGÉNIE.

Crois-tu, Marie, aux bruits qui courent?

MARIE.

Mais, il y a des probabilités.

EUGÉNIE.

Tu ne le crois pas, et pour cause. (Tendrement.) Marie, tu sais combien je m'intéresse à toi. Dès ton entrée à la pension, je t'ai jugée capable de nous dépasser toutes ; j'ai admiré ton intelligence, j'ai découvert en toi de brillantes qualités ; mais j'ai vu que le démon s'emparait souvent de ton esprit, et que, te le dirai-je? j'ai vu que tu prenais un malin plaisir à faire le mal, que tu te réjouissais en voyant souffrir tes compagnes ; alors, je me suis encore plus attachée à toi ; il me semble que Dieu m'ait placée là pour deviner tes pensées et combattre avec mon amitié, les mauvais penchants qui sont en toi.

MARIE, avec ironie.

Je ne sais si je dois te remercier, Eugénie, de l'affection que tu me portes ; ce genre d'amitié m'était jusqu'alors inconnu. Suis-je trop jeune, ou mal disposée? toujours est-il, que je ne te comprends pas. Je te sais gré, néanmoins, de tes bonnes intentions ; mais une amie moraliste a quelque chose de si monotone, que cela ennuie. Je m'y ferai peut-être. Pour te prouver que je ne t'en veux pas, car tu as des soupçons qui pourraient être offensants pour moi ; — mais je ne veux pas m'y arrêter ; — prends mon bras, allons faire un tour de jardin, et causons de tout autre chose.

EUGÉNIE, à part.

Puisse-t-elle revenir à de bons sentiments !

SCÈNE X.

MADAME.

Louise va venir. — Encore une fois je vais la questionner! Ah! ce que j'ai entendu me glace le cœur... Soupçonner Louise! l'enfant de mon intelligence! C'est pour l'exemple des autres que je veux éclaircir cette affaire, sans quoi j'aimerais mieux ne rien savoir. Chère enfant! comment ne pas l'aimer? Un jour, j'étais sous l'impression d'un violent chagrin, et, quoique jamais je ne laisse voir à mes élèves les peines qui m'accablent, cette fois pourtant, après leur départ, oubliant que Louise était là, je me laissais aller à la tristesse, lorsque je sentis des bras enlacer mon cou, des larmes mouiller mes joues, et une voix douce et argentine me disait : « Madame, je ne connais pas vos chagrins, mais je sais que vous en avez. Eh bien! si je vous aime, cela vous consolera-t-il un peu? — Charmante enfant, lui dis-je en la serrant sur mon cœur, voilà de bonnes paroles que je n'oublierai jamais. » Depuis ce moment, Louise a été pour moi une fille tendre et soumise; j'avais foi en elle, et aujourd'hui, un malheureux soupçon vient traverser mon esprit. — Mais la voici.

SCÈNE XI.

MADAME, LOUISE.

MADAME.

Mon enfant, as-tu oublié que depuis longtemps je sais toutes tes pensées? Tu n'ignores pas les bruits qui courent au sujet de tes livres déchirés? Ce n'est plus une institutrice qui te parle, Louise; c'est une mère, une amie qui te demande de lui dire la vérité; à ce double titre, aie confiance en moi; songe que Dieu défend non-seulement le mensonge, mais tout ce qui altère la vérité. Tu vas faire ta première communion, la circonstance où te trouves est grave, prouve que ce n'est pas toi qui as déchiré tes livres, ou alors dis la vérité, quelque pénible qu'elle soit à dire.

LOUISE, très-émue, à part.

Je ne puis dire qui a déchiré mes livres! Ah! je sais bien qui; mais des preuves... Toutes mes compagnes m'accuseront. (Avec effroi.) Si j'allais ne pas faire ma première communion! — Mon Dieu! ma tête se perd! (Elle pousse un cri, se jette dans les bras de Madame.) Eh bien! oui, Madame, c'est moi qui ai déchiré mes livres. Un mouvement de dépit s'est emparé de moi; après j'ai eu honte; ne sachant que faire, j'ai voulu faire croire qu'une compagne m'en voulait.

MADAME.

Je savais bien que tu dirais la vérité. Embrasse-moi, mon enfant, cet aveu sincère rachète ta faute. Tu le vois, pour ta tranquillité, sois toujours vraie. Je vais prendre des mesures pour faire cesser toute conversation. (Elle lui serre la main.) A bientôt, mon enfant chérie.

SCÈNE XII.

LOUISE, seule; elle est absorbée; puis avec effroi :

O mon Dieu! me pardonnerez-vous?

SCÈNE XIII.

LOUISE, CAROLINE.

CAROLINE.

Je te cherche partout, Louise. Qu'arrive-t-il?

On dit que tu as avoué à Madame que tu avais déchiré tes livres. Est-ce possible?

LOUISE, en pleurs, se jette dans les bras de Caroline.

Mon amie, plains-moi; je suis bien malheureuse. Madame m'a questionnée avec sa bonté habituelle; elle m'a parlé de mensonge, de ma première communion; à ce dernier mot, ma tête s'est troublée, je ne pouvais accuser personne; alors, dans la crainte de ne pas être crue et de ne pas faire ma première communion, j'ai dit que j'avais déchiré mes livres; mais, Caroline, je te jure que ce n'est pas moi.

CAROLINE.

Malheureuse enfant! tu as aggravé ta position. Pauvre amie! calme-toi. Dieu fera connaître la vérité; mais il faut tout dire à Madame, et j'y vais.

LOUISE, résignée.

Va.

SCÈNE XIV.

LOUISE, seule.

Hélas! je le sens, je vais perdre la confiance de Madame. O mon Dieu! faites que le cœur de ma chère maîtresse me soit conservé!

SCÈNE XV.

TOUTES LES ÉLÈVES.

MARIE, sur le devant de la scène, pendant que ses compagnes causent entre elles.

Enfin, j'ai réussi! Louise va être disgraciée! Jamais Madame ne lui pardonnera de n'avoir pas eu confiance en elle. O bonheur! sans Louise, je m'emparerai de Madame; j'aurai tous les succès.

2e SURVEILLANTE à la 1re surveillante.

Enfin l'affaire est éclaircie! Louise a tout avoué.

6

TOUTES.

Vraiment !

1re SURVEILLANTE.

Vous ne savez pas tout encore. Louise, après avoir avoué à Madame, a dit le contraire à Caroline.

SCÈNE XVI.

LES MÊMES, CAROLINE, triste. Elle s'approche de Louise.

CAROLINE.

Louise, j'ai dit la vérité ; Madame est indignée. C'est devant toutes les élèves qu'elle veut te parler.

LOUISE.

Ah ! je l'avais prévu, j'ai froissé son cœur ; maintenant, gardons le silence. Qu'aurais-je à dire ?

SCÈNE XVII.

LES MÊMES, MADAME. Elle s'avance gravement.

MADAME.

Louise, tu m'as trompée, tu t'es jetée dans mes bras pour me faire un aveu, puis tu t'es jetée dans les bras de Caroline pour lui faire l'aveu contraire. C'est fini, mon enfant, nous ne nous comprenons plus, il vaut mieux que tu me quittes. Douter de toi, c'est affreux pour mon cœur. (Aux surveillantes.) Mesdemoiselles, veuillez accompagner Louise chez elle.

> Louise passe devant ses compagnes en baissant la tête. Près de Madame, elle s'arrête, hésite, lui prend la main, l'embrasse et se sauve. Marie est dans un coin, elle prend un dessin qui se trouve sous sa main, elle l'a considéré machinalement pendant cette scène ; puis, quand elle voit Louise partie, par un mouvement nerveux, elle déchire le dessin.

LODOÏSKA.

Eh bien ! que fais-tu ? tu t'amuses à déchirer ce dessin.

MARIE, avec embarras.

Tiens! je ne m'en apercevais pas.

UNE ÉLÈVE.

Elle fait toujours le mal malgré elle.

MADAME, qui s'était assise après le départ de Louise, se lève, regarde le dessin et s'écrie :

O mon Dieu! C'est la même échancrure que sur les livres de Louise. Malheureuse enfant! si Louise ne m'avait pas tout avoué, je dirais que c'est toi.

EUGÉNIE, pendant ce temps, s'est approchée de Marie, et lui dit:

Avoue, Marie, avoue, je t'en conjure. Si tout le monde doute, moi je ne doute pas, et Louise paie bien cher ton silence.

MARIE, vaincue.

Eh bien! oui, c'est moi.

TOUTES.

Quelle horreur!

MADAME.

Silence, mes enfants; si le repentir vient, il n'est jamais trop tard. Parle, Marie.

MARIE, confuse.

Oui, Madame, c'est moi qui désespérant d'avoir jamais votre affection, jalouse des qualités de Louise, c'est moi, dis-je, qui ai voulu me venger. Louise ignorait qui lui avait déchiré ses livres; mon infernal esprit m'a suggéré l'idée de faire croire que c'était elle. Je jouissais de mon triomphe; le départ de Louise m'a rappelée à moi-même. Dieu a permis que dans un moment de rage je déchirasse ce dessin. (Elle se jette à genoux.) Pardon, Madame! pardon! Envoyez chercher Louise qui ne peut être loin; je veux être son amie, je veux vous aimer comme elle. Pardon! pardon! (Elle prend sa main qu'elle embrasse avec effusion.)

MADAME. Pendant cette scène, elle a fait signe à une élève d'aller chercher Louise.

O mon enfant! que tu m'as fait de mal et que tu me fais de bien! Tiens tes promesses, je t'en conjure; je te pardonne, et Louise que voici te pardonnera, j'en suis sûre.

SCÈNE XVIII.

LES MÊMES, LOUISE.

Toutes les élèves vont au-devant de Louise. Elle embrasse Madame.

MARIE s'approche de Louise.

Louise, Madame a pardonné; malgré tout le mal que je t'ai fait, me pardonneras-tu?

LOUISE.

Jésus-Christ a pardonné à ses bourreaux. Deviens mon amie. Ta main?

MADAME, les prenant toutes deux, s'adressant aux élèves.

Maintenant, enfants, n'oubliez jamais ce qui vient d'arriver. Ange et démon vous conseillent. Vous voyez que de mal il peut arriver en écoutant ce dernier. Écoutez la voix du premier, aimez-vous, soyez indulgentes, et sachez que quand vous voudrez, il vous sera facile de devenir les préférées de Madame.

MARIE.

Et maintenant, mes chères compagnes, ce n'est plus ma protection que je vous offre, comme je vous l'ai sottement offerte; mais c'est mon amitié, et mes excuses à vous toutes que j'ai si souvent maltraitées. Dites, la voulez-vous, mon amitié?

TOUTES, se mettant en rond, chantent.

Nous en voulons bien, etc., etc.

LES VOCATIONS,

PETIT DRAME EN 3 ACTES.

PERSONNAGES.

Mme DORSANGE, maîtresse de pension.

Mme DE MELVAL, coquette, mère de Virginie.

Melle DE VERSAC, vieille fille, tante de Léonora.

MATHILDE DE BLINVILLE, jeune peintre.

LÉONORA, comédienne, nièce de Melle de Versac.

ADÈLE et LAURE, jeunes institutrices.

VIRGINIE, fille de Mme de Melval.

THÉRÈSE, aspirante au noviciat.

FRANÇOISE, femme de chambre.

GOTHON, fille de service.

ACTE Ier.

SCÈNE Ire.

Mme DORSANGE, LES ÉLÈVES.

Au lever du rideau, Mathilde dessine le portrait d'une jeune compagne. Léonora se promène gravement en déclamant des vers. Adèle et Laure écrivent, Thérèse lit, Virginie brode. Mme Dorsange entre; les élèves veulent se lever, elle leur fait signe de ne pas se déranger.

Mme DORSANGE.

Continuez, mes enfants; laissez-moi, sans vous interrompre, jeter un coup d'œil sur vos travaux. Mathilde, ce que tu fais est bien; déjà cette petite tête ressemble; il y a du sentiment, c'est bien modelé, évite la sécheresse dans les contours, des tons

plus chauds dans les ombres. Allons, courage!
cela ira. Et toi, Léonora, tu déclames, je crois?

LÉONORA.

Madame, j'étudie les beaux vers de Corneille.

Mme DORSANGE.

Adèle et Laure, vous paraissez bien appliquées?

ADÈLE.

Nous achevons, Madame, de résoudre les questions des derniers examens.

Mme DORSANGE.

Continuez. Oh! que je n'interrompe pas ce travail important.—Thérèse, tu penses à ta patronne, tes yeux sont sans cesse levés au ciel. Voudrais-tu comme elle, passer ta vie en extase?

THÉRÈSE.

Peut-être, Madame. Si Dieu conserve dans mon cœur les dispositions qui s'y trouvent, oh! je le sens, c'est au service du Seigneur que je consacrerai ma vie.

Mme DORSANGE.

Je veux respecter tes intentions, mon enfant. Quand Dieu envoie des anges ici-bas, c'est sous la figure d'une fille de Saint Vincent de Paul; ce sont des êtres prédestinés; si tu es de ce nombre, oh! tant mieux, tant mieux.—Pour toi, Virginie, tu n'imites pas tes compagnes, et tu ne penses à rien?

VIRGINIE.

Que voulez-vous, Madame? il paraît que mon imagination n'est ni poétique, ni savante. Ce n'est pas de ma faute si la nature m'a si mal partagée.

Mme DORSANGE.

La nature, mon enfant, ne t'a pas plus mal partagée que tes compagnes; seulement, tu dépenses ton intelligence en idées mondaines. Je tremble pour toi, chère petite, si tu ne changes pas. (S'adressant aux autres.) Ainsi, vous passez vos récréations à des travaux selon vos goûts. Savez-vous, jeunes filles, que voilà pour moi un trait de lumière? Vous fuyez les jeux de votre âge, et pour vous reposer des études classiques, vous vous livrez dans vos moments de loisirs à vos penchants particuliers. Je suis loin de vous blâmer. Mes enfants! Que j'aime à vous donner ce nom, vous fûtes toujours mes filles bien aimées, et à ce titre, je veux avoir votre confiance, je veux savoir, là bien sincèrement, mais aussi bien amicalement, ce que vous voulez être un jour.

LÉONORA.

Vous ne sauriez croire, Madame, que de fois nous nous contrarions pour ce que vous appelez nos penchants particuliers et que nous croyons être notre vocation.

MATHILDE.

Parce que Léonora ne récite pas mal les vers, elle se croit destinée à ramasser l'éventail de Célimène. Heureusement, que nous ne sommes plus au temps des fées; sinon, je craindrais que l'éventail ne se changeât en un hideux balai.

VIRGINIE.

Ce serait un avantage si elle continuait à revoir nos compagnes Adèle et Laure, Léonora pourrait à l'aide de cette transformation, leur procurer des correctifs pour leur profession future de maîtresse d'école de village.

LAURE.

Les maîtresses d'école de village seraient enchantées de leur profession, Mesdemoiselles, si elles parvenaient un jour à rectifier les fausses idées des écolières qui pourraient vous ressembler.

VIRGINIE.

Ma chère, à chacune sa vocation ; vous voulez en avoir une, moi, je trouve qu'il vaut mieux n'en pas avoir. Rire, chanter, penser à ma toilette, aux soirées où je compte briller, voilà mon ambition : le plaisir, et ne pas penser au lendemain.

LAURE.

Et tu auras raison, car le lendemain d'une coquette n'est pas beau ; c'est la vieillesse, les rides, et partant l'oubli. Heureusement, que Thérèse priera pour toi et pour nous.

MATHILDE.

Décidément, la vocation de Léonora est la meilleure.

LÉONORA.

Vous le voyez, Madame, toujours des sarcasmes.

Mme DORSANGE.

Ces petites querelles pourraient m'affliger, si je n'étais sûre que vous vous aimez à tel point que vous ne pourriez vous séparer. Plus tard, vous vous retrouverez avec plaisir. En attendant, travaillez ensemble, encouragez-vous dans vos heureuses dispositions ; mais que l'envie de lancer un bon mot, une épigramme, ne vous fasse pas affliger un cœur que vous aimez. Vous êtes trop jeunes, mes enfants, pour penser à ramasser l'éventail de Célimène, ou le pinceau d'un Raphaël. La route des arts est bien épineuse pour les femmes. Cultivez vos talents sans exaltation ; surtout, ayez une instruction solide, et Dieu vous inspirera si vous le priez. Quant au plaisir, il n'a qu'un temps, il conduit aux larmes et aux déceptions. Puissent mes paroles vous pénétrer et rester gravées dans vos cœurs ! Fasse le ciel que vous ne les oubliiez jamais ! Mais c'est assez de morale et de travail,

allez vous préparer à la petite fête que je vous ai
promise à l'occasion de la Sainte-Catherine.

VIRGINIE.

On va danser, quel bonheur !

Mme Dorsange sonne.

SCÈNE II.

LES MÊMES, FRANÇOISE, GOTHON. Cette dernière en entrant fait mille maladresses ; elle tient un plumeau.

Mme DORSANGE.

C'est ici que va se donner la fête ; rangez tout
convenablement.

GOTHON.

Oui, soyez ben tranquille, j'allons tout nettoyer.

Mme DORSANGE à Françoise.

Cette fille me semble bien maladroite, veillez-la.

FRANÇOISE.

Je vais la mettre au fait.

VIRGINIE.

Comme elle est drôle ! C'est la rosière de son pays.

LÉONORA.

Assurément, elle n'a jamais rien vu.

MATHILDE.

Oh ! la bonne tête d'étude.

GOTHON.

Jarni ! V'là des demoiselles ben éduquées, mais
qui m'ont l'air un tantinet gouailleur. Elles varront
mon talent, elles varront.

VIRGINIE.

Adieu, Javotte.

LÉONORA.

Adieu, Jacqueline.

MATHILDE.

Adieu, Mathurine.

6.

GOTHON à Françoise.

C'est donc l'usage à Paris, de donner tous les noms de l'almanache. Je pourrons jamais retenir çà.

Les élèves partent.

SCÈNE III.

FRANÇOISE, GOTHON.

FRANÇOISE.

Allons, dépêchons-nous.

GOTHON.

Ah! dame, je regardons tout, avant. C'est y beau ici. Des belles dames qu'a tenont des violons dans leux mains et qui sont habillées nu-pieds. Elles sont pas fières tout d'même.

FRANÇOISE.

Voyons, Gothon, tâche de ne pas tant admirer, mais travaille.

GOTHON.

Qu'é donc qu'on va faire?

FRANÇOISE.

On va fêter la Sainte-Catherine, patronne des demoiselles. Madame veut que ses élèves s'amusent. C'est bien le moins, elles travaillent tant. Si tu savais, Gothon, comme elles sont savantes! Il y en a qui tapotent sur la musique, d'autres qui tirent des portraits en droit fil qu'on dirait que c'est vous-même.

GOTHON.

Et celle qu'a se promenont toujours et de long en large en parlant toute seule. Queu métier qué va faire?

FRANÇOISE.

Ah! celle-là, je ne sais pas trop. Je crois qu'elle veut être artiste ou actrice, je ne suis pas bien sûre.

GOTHON.

Ah! oui, je savons, c'est comme el bobèche et

le paillasse que je voyons à la foire eu d'cheux nous, qui montront une grosse dame qu'a de la barbe quasiment comme un sapeur.

FRANÇOISE.

C'est inutile de causer avec toi, tu ne comprends rien. J'ai oublié quelque chose, je reviens; mais fais l'ouvrage.

SCÈNE IV.

GOTHON, seule.

Ne bavardons pas, travaillons. (Elle range les chaises et époussète.) Quand elle est près du dessin : Oh! c'est y laid. Quoi qu'c'est qu'il y a là-dessus. — C'est y sale. (Elle époussète très-fort, puis elle est effrayée.) Ah! mais c'est encore plus laid. Qu'é que j'ai fait? mon Dieu! (Elle se retourne de tous les côtés.) Bah! je vais le serrer, y croiront qu'il est venu au monde comme cela.

SCÈNE V.

FRANÇOISE, GOTHON.

FRANÇOISE.

C'est bien, tu as tout rangé, à la bonne heure. (A part.) Elle se fera au service. (Gothon la regarde avec un air bête.) J'entends Madame, partons.

SCÈNE VI.

Mme DORSANGE entre avec Mme DE MELVAL.

Mme DE MELVAL.

Pardon, chère Madame, si je viens sans être invitée; mais je n'ai pu résister au désir de voir danser ma fille. Je suis indiscrète, n'est-ce pas? Oh! vous le pensez. N'importe, j'ai compté sur la discrétion des autres mères et surtout sur votre bonté. (Voyant entrer Melle de Versac.) Mais je ne suis pas seule. Mme Dorsange va au-devant de Melle de Versac.

Melle DE VERSAC, sèchement.

Je ne suis pas invitée, Madame, mais esclave des convenances, j'ai pensé devoir accompagner ma nièce.

Mme DORSANGE avec dignité.

Croyez, Mesdames, que je suis heureuse de vous voir; si je ne vous ai pas invitées, c'est dans la crainte que cette petite fête, toute pour mes élèves, ne vous ennuyât; mais vous voici, et votre présence ne peut que m'être agréable.

SCÈNE VII.

LES MÊMES, LES JEUNES FILLES entrent deux à deux, saluent et se placent.

Les danses commencent. Quand elles sont finies :

Melle DE VERSAC.

Votre petite fête, Madame, a été charmante et très-convenable.

Mme DE MELVAL.

Il ne nous reste plus, Madame, en nous retirant, qu'à vous remercier de votre accueil affable.

Mme DORSANGE s'incline. A ses élèves.

Maintenant, mes enfants, allez au dortoir; aujourd'hui le plaisir, mais souvenez-vous que demain est le travail.

ACTE II.

SCÈNE Ire.

FRANÇOISE, GOTHON.

FRANÇOISE.

Allons, Gothon, c'est un beau jour qui commence : la fête de Madame; il faut être aimable avec tout le monde.

GOTHON.

Il va venir beaucoup de visites aujourd'hui.
Que de changements tous les ans ici.

FRANÇOISE.

Mais oui, des élèves arrivent, d'autres partent,
ce sont de nouveaux visages qui feraient oublier
les anciens, si toutes les élèves de Madame ne
s'empressaient de venir lui souhaiter la fête.

GOTHON.

C'est drôle tout d'même... Eh bien ! tu ne me
croiras pas, Françoise : je désire revoir les jeunes
espiègles qui m'ont tant fait enrager à mon arrivée
ici. S'en sont-elles donné à mes dépens !

FRANÇOISE.

Tu étais si comique, tu voulais tout savoir et tu gâ-
tais tout. Grâce à Dieu, et aux bons soins de Madame,
te voilà aussi bonne femme de chambre que moi.
Mais voici Madame, retirons-nous.

SCÈNE II.

Mme DORSANGE, seule.

Encore un jour de fête ! Je vais revoir mes anciennes élèves. Oh ! c'est pour moi un bien heureux
jour ! Si l'on pouvait savoir tout ce qu'il y a de
tendre dans le cœur d'une institutrice ! Les enfants
que nous instruisons, que nous aimons et qui nous
échappent ensuite, comme nous les revoyons avec
plaisir ! De loin, nous les suivons dans leurs car-
rières si diverses. Il y a un an que se sont dis-
persées dans le monde plusieurs de mes élèves
chéries. Je vais les revoir aujourd'hui ; elles me
feront part de leurs succès, peut-être de leurs re-
vers... Pauvres enfants ! Je tremble toujours de
découvrir à travers un sourire, une larme qui in-

dique une douleur poignante, une ambition déçue.

— La jeunesse devrait-elle connaître les pleurs?

— Au fait, une goutte de rosée rend plus fraîche la rose qui s'épanouit, et les larmes sont à la jeune fille ce qu'est la goutte d'eau à la rose. Mais voilà Laure et Adèle.

SCÈNE III.

Mme DORSANGE, ADÈLE, LAURE.

Mme DORSANGE.

Voilà mes deux successeurs. Venez, mes chères enfants, car vous êtes bien mes enfants, vous qui avez suivi mes conseils; vous avez vos diplômes, enfin, c'est une position, un avenir.

ADÈLE.

Ah! Madame, à qui le devons-nous? Mais c'est à vous, qui nous avez rendues meilleures que nous ne sommes.

LAURE.

En effet, nous ne valions pas grand'-chose. J'étais une inconstante, une paresseuse. Je croyais inutile de me donner la moindre peine, et parce que, chère Madame, vous nous prodiguiez vos leçons avec une générosité que je comprends à présent, je n'y attachais nul prix, je les considérais comme une corvée; mais un jour vint m'ouvrir les yeux; vous étiez triste de ma paresse et vous me dites : Laure, que tu me fais peine, tu as de l'intelligence, travaille comme Adèle, mais ne suis pas l'exemple de celles qui font fausse route. Ces paroles m'ont attendrie. Adèle a bien voulu me donner son amitié; j'ai pu passer mon examen, et j'espère bien, comme mon amie, en passer un autre.

Mme DORSANGE.

Ce changement m'a fait un grand plaisir et je

t'en aime davantage. N'en sois pas jalouse, Adèle. Tu sais que l'enfant prodigue fit oublier pour un instant son frère aîné ; sois tranquille, tu as aussi, là, une bonne place.

ADÈLE.

Oh! Madame, j'en suis convaincue. Comment oublier vos bontés! Enfants, nous disiez-vous en nous montrant nos compagnes, prenez garde, votre vocation n'est pas là. Quel mérite avons-nous eu? Oh! à vous toute la gloire de nos faibles succès. A vous nos cœurs, notre affection.

SCÈNE IV.

Les Mêmes, Mme DE MELVAL, VIRGINIE.

FRANÇOISE, annonçant.

Madame et Mademoiselle de Melval.

Mme DE MELVAL.

Nous avons voulu, Madame, avant de commencer nos visites, vous présenter nos hommages.

Virginie embrasse Madame.

Mme DORSANGE.

Comme elle a grandi! mais je la trouve un peu pâle.

Mme DE MELVAL.

Que voulez-vous? le monde a ses exigences ; nous n'en finissons pas avec les réceptions, les bals. Virginie y éprouve tant de plaisir. Une soirée entraîne à une autre soirée, elle danse continullement. Je croyais bien ne pas pouvoir venir; nous avons éprouvé de bien grandes contrariétés : la modiste m'a manqué de parole, sa robe ne lui va pas bien. Ces fournisseurs sont détestables. J'aurais voulu qu'elle vînt vous voir avec sa nouvelle toilette. (Confidentiellement.) Vous savez qu'il s'est présenté quatre partis pour elle, mais je n'en ai pas voulu.

Mme DORSANGE.

Vraiment, vous avez eu tort s'ils étaient convenables.

Mme DE MELVAL.

Mes prétentions sont plus élevées.

SCÈNE V.

Les Mêmes, GOTHON, Melle DE VERSAC, LÉONORA.

GOTHON annonce.

Mademoiselle de Versac et sa nièce.

Melle DE VERSAC. Elle fait force révérences,
elle salue même Gothon.

Madame, permettez que nous nous présentions en ce jour.

Mme DORSANGE.

Merci mille fois de votre bon souvenir.

SCÈNE VI.

Les Mêmes, FRANÇOISE, MATHILDE.

FRANÇOISE annonce.

Mademoiselle de Blainville.

Mme DORSANGE.

Ah! voici mon Raphaël. Eh bien! chère petite, qu'avons-nous fait cette année?

MATHILDE.

J'ai beaucoup travaillé, Madame, et le jury de l'exposition a bien voulu admettre plusieurs de mes œuvres.

Mme DE MELVAL.

Comment! c'est superbe. Virginie aussi a appris le dessin et la musique; mais elle n'a pas le temps de s'en occuper.

VIRGINIE.

J'aime beaucoup les talents d'agrément; fran-

chement, quand il faut y passer des heures, c'est
assommant. N'est-il pas vrai, maman, que je travaille quand je peux? C'est une fatalité : si je me
mets au piano, une visite arrive, je l'esquive, je
vais à mon chevalet; à peine y suis-je qu'il faut
penser à ma toilette pour sortir. Je me couche
tard, le lendemain je n'ai plus de courage, et puisqu'on trouve des gens dévoués qui vous charment
les yeux et les oreilles, il faut les laisser faire, les
regarder, les admirer, et, ce qui vaut mieux, val-
ser ou polker.

Melle DE VERSAC.

Alors Mademoiselle considère les artistes comme
des gens créés tout exprès pour son amusement;
et lorsqu'elle voit sur notre scène française des
émules des Talma et des Duchesnois, elle se dit :
« Ces gens-là m'amusent, et cela suffit; » sans
tenir compte ni des veilles ni des peines que l'on
s'est données. Ah! il faut à Mademoiselle des artistes pour l'amuser!

Mme DORSANGE, voulant rompre la conversation.

Voyons, qu'a fait Léonora cette année?

LÉONORA.

M. Samson, de la Comédie-Française, m'a
donné des leçons de déclamation; j'ai obtenu le
deuxième prix; il m'a fait espérer que je pourrais
réussir.

Mme DORSANGE, se levant.

Si ces dames veulent venir avec moi, nous lais-
serons un peu ces jeunes filles ensemble causer
de leur bon temps.

Mme DE MELVAL.

Avec plaisir; d'autant plus que je désire voir
les nouveaux embellissements de votre appartement que l'on dit fort joli.

Mme DORSANGE.

Fort simple, je vous assure.

Melle de Versac fait mille cérémonies pour ne pas passer devant.

SCÈNE VII.

MATHILDE, LÉONORA, ADÈLE, LAURE, VIRGINIE.

MATHILDE.

Encore une fois nous nous trouvons à la pension. Ah! il fait bon ici! Il semble que l'atmosphère soit remplie de ces souvenirs d'enfance qui sont si chers! Quel bonheur de vous revoir, mes chères compagnes! Savez-vous que nous sommes à présent des membres importants de la société? Presque toutes les muses sont ici. Je vois même la sombre Melpomène. Ah ça! Léonora, ce n'est pas un éventail que le Conservatoire t'a donné, mais un poignard. Me bouderais-tu toujours de mes mauvaises plaisanteries?

LÉONORA.

Dieu m'en garde! Je n'y pense plus; mais la gravité de ma position me défend presque de sourire.

LAURE.

C'est à ce point. C'est effrayant. Voyons, parlons un peu de nos différentes vocations. Avez-vous remarqué que ce qui semblait un jeu s'est réalisé, et que nos récréations se sont trouvées l'image de notre avenir?

LÉONORA.

Oui, c'est dans ces moments-là que ma tête s'échauffait aux beaux vers de Corneille. Je me voyais sur la scène, portant la tunique de Camille ou la robe de Marie Stuart. Je rêvais, je rêve encore les bravos de toute une salle. Je vois des bouquets à mes pieds, j'entends le public me rappelant avec frénésie. Tes sarcasmes, Mathilde, s'ils

froissaient un moment mon amour-propre, le sti-
mulaient après.

MATHILDE.

Amie, encore une fois, efface ces souvenirs ;
j'étais alors un méhant rapin ; mais aujourd'hui
que toutes deux nous sommes artistes, nous nous
comprenons. La poésie n'est-elle pas utile au
peintre ; ce que tu dis, le peintre le sent, et la toile
dit le cœur du peintre. Il nous faut à nous de ces
sensations-là. La gloire, mais c'est la vie ! N'est-
ce pas que Dieu a mis dans nos âmes un feu sacré ?
Seulement, différente de ton art, la peinture nous
détache du monde, nous l'oublions tout-à-fait.
Lorsqu'une idée nous saisit, nous la nourrissons
dans la solitude, c'est notre idole. Plus heureux
que le poète qui n'a ses personnages que dans son
imagination, la toile nous les rend tels que nous
les voyons. Oh ! les arts, les arts, c'est le ciel sur
la terre, c'est la vie de l'intelligence.

LÉONORA.

Ah ! Mathilde, que tu es bien ainsi ! tu ne railles
plus, tu me comprends.　　　*Elle se jette dans ses bras.*

ADÈLE.

Jeunes folles, pouvez-vous vous oublier à ce
point ! Quelle exaltation ! Pauvres enfants, qui
vous ramènera à la vie positive ? Une forte leçon
peut-être ? La gloire !... mais à quel prix l'a-t-on ?
Souvent au prix de sa réputation. Le comprenez-
vous bien ? Oh ! vous doutez ; je sais que ma faible
voix ne peut arriver à vous. Pensez-y donc ; on
ne vit pas de la vie spirituelle, il faut descendre
sur cette terre et être positive malgré soi. Et si la
gloire vous échappe, si l'injustice vous atteint ?

VIRGINIE.

Oh ! quelle singulière conversation ! De ma vie

je n'en ai entendu de semblable. On se dirait au temps des assemblées législatives où chacun venait faire son éloge. Vous m'avez presque touchée, vraiment! Pourtant, croyez-moi, n'en parlons plus. Qu'est-ce que tout cela prouve? Que notre vocation à toutes est bien dessinée; que bien entendu l'une ne prendra pas celle de l'autre.

LAURE.

Oui, parlons du bonheur de nous revoir, ne cherchons pas à convaincre nos compagnes. Dieu seul connaît l'avenir. Elles ont peut-être raison; s'il y avait conformité de position, la société serait trop monotone. Tirons parti de nos facultés, c'est ce que Dieu exige de nous; seulement n'ayons pas trop d'ambition, je crois que cela est défendu à la femme.

LÉONORA.

Voici ces dames, elles mettront fin à cette petite discussion.

MATHILDE.

Oh! non, ce n'est pas une discussion; nous sommes toutes contentes de notre profession, c'est l'essentiel.

SCÈNE VIII.

LES MÊMES, Mme DE MELVAL, Melle DE VERSAC, Mme DORSANGE.

Mme DE MELVAL.

Ainsi, Madame, par une singulière rencontre, les élèves qui vous ont quittée ensemble, se sont retrouvées aujourd'hui?

Mme DORSANGE.

Hélas! non, Madame. Thérèse, l'une d'elles, m'écrit qu'aujourd'hui même elle entrait au couvent, pour se préparer au noviciat.

TOUTES.

Thérèse religieuse !

ADÈLE.

Encore une vocation différente.

Mme DORSANGE.

Ce n'est peut-être pas la plus mauvaise.

Mme DE MELVAL.

Allons, Virginie, il est temps de partir ; embrasse tes compagnes et Madame.

Melle DE VERSAC fait une profonde révérence.

Madame, j'ai bien l'honneur.

Mme DORSANGE.

Adieu, mes enfants, venez souvent me voir ; je prendrai part à vos succès, et vous souhaite à toutes bonheur et prospérité. (Elle les regarde partir ; puis, quand elles sont parties :) Voilà la vie qui commence pour ces enfants ; puissent-elles n'avoir pas à se plaindre de leurs vocations !

ACTE III.

SCÈNE Ire.

MATHILDE, seule. Elle est dans une toilette très-simple ; elle réfléchit.

Voilà donc où mon ambition m'a conduite : à la misère. Oh ! que c'est affreux ! Après avoir rêvé la gloire, quel réveil ! Qu'ils étaient beaux mes rêves ! Insensée !... Etourdie par quelques succès, j'ai osé dire, comme Corrège : « Et moi aussi je suis peintre. » Corrège était un homme, et moi, jeune fille, j'ai voulu de cette gloire que l'on refuse à mon sexe... Pourtant j'ai travaillé, je ne me donnais aucun repos... Oui, mais pour avoir des travaux, il fallait solliciter, et... j'étais fière, je ne voulais pas demander... Orgueilleuse! je croyais que l'on viendrait me trouver; et maintenant, je suis sans courage, sans force et sans pain. O mon Dieu! pardonnez-moi mon orgueil, je courbe la tête, je suis assez punie. Ayez pitié de ma jeunesse, ne me faites plus souffrir! Je suis seule au monde, sans parents, sans famille!... Me laisserez-vous mourir ainsi!   *Elle tombe accablée.*

SCÈNE II.

LÉONORA, Melle DE VERSAC, MATHILDE.

LÉONORA, avec empressement.

Mathilde, tu parais accablée; sans doute tu as trop travaillé?

MATHILDE, se relevant.

Non, chère Léonora, je pensais.

Melle DE VERSAC.

Et c'est ce qui vous tue, mon enfant. Vous croyez toujours que vous n'avez pas assez étudié. Votre santé n'y résistera pas, vous avez besoin de repos.

MATHILDE.

Merci, Mademoiselle, vous êtes vraiment bien bonne pour moi, et je puis dire que depuis que je suis avec vous, un peu de tranquillité a succédé à mes tourments.

LÉONORA.

Ah! le fait est que toutes deux nous avons vu renverser tous nos projets. Quel changement! lorsque nous nous rencontrâmes après une longue séparation. Voyez ce que c'est: nous ne nous aimions pas, et le malheur nous a réunies. Je me le rappellerai longtemps ce jour où, honteuse de mes fautes, le bruit des sifflets retentissant encore à

mon oreille, je te rencontrai, tu me serras affectueusement la main, et me dis en me racontant
tes infortunes : « Eh bien! Léonora, réunissons-
nous; soyons unies par le malheur. » Hélas! cette
union semble se perpétuer; notre travail suffit à
peine pour nous faire vivre.

MATHILDE.

Et sans ta bonne tante qui nous aide avec ses
petites économies, que deviendrions-nous?

Melle DE VERSAC.

Ne parlons pas de cela. C'est moi qui ai eu tous
les torts; j'étais une vieille folle; j'aurais du faire
apprendre un état à ma nièce, au lieu de toutes
ces belles déclamations qui l'ont rendue si malheureuse. C'est tout simple, je trouvais cela superbe. Allons, allons, mes pauvres enfants, ne
soyez pas si tristes. Le bon Dieu est bien bon; s'il
nous punit, moi de ma sottise, vous de vos prétentions, il vous enverra de meilleurs jours. Pour
moi, je ne demande rien, il vaudrait mieux partir
dans l'autre monde. (Les jeunes filles font un mouvement.)
Tenez, tenez, je ne vaux plus rien, mon esprit n'est
pas plus à la mode que mes pauvres habits.

MATHILDE.

Qu'importe vos habits, votre cœur est si bon!
Que ferions-nous sans vous?

Melle DE VERSAC.

Ta, ta, ta. (On entend frapper à la porte.) Mais qui
vient nous déranger? _Mlle de Versac va ouvrir._

SCÈNE III.

LES MÊMES, Mme DE MELVAL, VIRGINIE. THÉRÈSE
les suit. Etonnement.

MATHILDE, étonnée.

Thérèse ici!

LÉONORA.

Thérèse qui nous fuyait, que nous n'avions plus revue!

THÉRÈSE.

Dans ce temps-là, mes chères compagnes, vous étiez heureuses; je ne vous fuyais pas, mais vos idées n'étaient pas les miennes : le monde vous occupait, c'était lui que je fuyais. La Providence, qui arrange tout pour le mieux, a permis qu'avant que je ne me retirasse pour toujours au couvent, j'eusse la pensée de m'informer de vous. Votre avenir m'inquiétait. J'appris tous les malheurs qui vous avaient accablées chacune en particulier. Madame de Melval avait perdu sa fortune; j'allai la trouver, je la priai de m'accompagner ici pour vous serrer encore une fois la main et vous dire : Espérez, Dieu n'abandonne pas de jeunes cœurs qui ont confiance en lui. Et puis, j'ai un service à vous demander : Vous le savez, au couvent on fait vœu de pauvreté, c'est pourquoi j'ai fait mon testament. Je veux laisser à mes amies ce souvenir. (Elle montre un portefeuille.) Il les aidera à attendre des jours meilleurs. (Mathilde fait un mouvement.) Ah! Mathilde! songe que je suis morte, et que la dernière volonté d'une mourante est sacrée. D'ailleurs, c'est Madame de Melval et Mademoiselle de Versac qui sont chargées d'exécuter mes volontés.

Mme DE MELVAL, prenant le portefeuille.

Mademoiselle, merci. J'accepte pour ma fille, avec reconnaissance. Pauvre enfant! Hélas! que sa vie est triste à présent!

Melle DE VERSAC.

Quoi! vous aussi, Madame, éprouvée par le sort?

Mme DE MELVAL.

Hélas! oui, Mademoiselle.

Melle DE VERSAC.

Mais ces bals, ces soirées, où vous refusiez tant
de partis?

Mme DE MELVAL.

Nous ne voyons plus personne.

VIRGINIE.

Oh! que c'est triste.

La porte s'ouvre; entre Mme Dorsange.

SCÈNE IV.

LES MÊMES, Mme DORSANGE.

MATHILDE, avec joie, allant à sa rencontre.

Madame Dorsange! Encore une amie qui vient
essuyer nos larmes.

Melle de Versac se confond en révérences.

LÉONORA.

Madame, que vous êtes bonne! Vous pensez à
nous.

Mme DORSANGE.

Ah! Léonora, c'est mal ce que tu dis là! Oui,
je viens vous gronder toutes, et bien fort. Vous
m'obligez à prendre la férule. Comment me laisser
si longtemps sans me donner signe de vie? Vous
êtes malheureuses, et je l'apprends par d'autres
que par vous. Vous avez donc cru, parce que vous
me quittiez, que ce cœur ne battrait plus pour
vous? Mais venez-y donc bien vite, ingrates, car
c'est vous qui m'avez oubliée. (Elles se jettent toutes
dans ses bras.) Là, voyons, mes chères enfants, ne
vous désespérez pas. Quand on est jeune, il y a
tant d'espoir! (Elle s'assied; toutes trois l'entourent, Virginie est à ses pieds.) Regardez la cause de vos maux :
c'est l'ambition, l'amour-propre. Oh! vous bais-
sez la tête; j'ai raison, n'est-ce pas?

7

VIRGINIE.

Que faut-il faire à présent pour racheter ce passé et rendre l'avenir meilleur?

Mme DORSANGE.

Faites abnégation d'amour-propre et d'ambition, et vous serez étonnées de trouver en vous mille ressources. Vous aurez beau vous élever dans les nues, il faudra retomber sur la terre; il est vrai, cette chute étourdit, mais on en revient.

Mme DE MELVAL.

Madame, guidez-moi, je vous en conjure. Comment détruire dans ma fille les idées que moi-même y ai mises. Savez-vous que l'ennui s'est emparé d'elle, que la tristesse l'accable.

Mme DORSANGE.

Voici ce que je viens vous proposer : Thérèse m'a fait part de ses intentions; elles vous mettront à l'abri du besoin ; en attendant que vous preniez une décision, je vous offre un asile chez moi.

Mme DE MELVAL.

Je suis confuse, Madame. Combien ma coquetterie, mon amour pour le monde m'a nui, et surtout à ma fille ! Que de réflexions tardives je fais !

VIRGINIE.

Hélas! Madame, de toutes mes compagnes je suis la plus à plaindre ; elles ont de l'instruction, mais moi je ne sais rien faire.

Mme DORSANGE.

Il est toujours temps de bien faire, mon enfant, chez moi tu en trouveras les moyens. Mathilde et Léonora, j'ai compté sur vous pour remplacer chez moi Adèle et Laure qui, mariées avantageusement, sont à la tête d'un pensionnat important. Ah ! je ne vous le cache pas, elles sont bien heureuses !

MATHILDE.

Mais, Madame, y pensez-vous? Comment les remplacer? Nous n'avons pas nos diplômes.

Mme DORSANGE.

Vous avez l'habitude du travail, vous obtiendrez ces diplômes quand vous voudrez. Mademoiselle de Versac voudra bien me seconder, en acceptant la direction de la lingerie; de cette manière, elle ne quittera pas sa nièce.

Melle DE VERSAC, émue.

Madame, que de bontés! Prendre ma nièce, vous charger de moi!

Mme DORSANGE.

Mais vous me serez fort utile.

Melle DE VERSAC, à part.

Quel bonheur! je pourrai reprendre mon café au lait et élever des serins. Il y a si longtemps que j'en suis privée!

THÉRÈSE.

Et maintenant que le calme est revenu dans les cœurs, que je crois que vous serez heureuses, je pars. Mathilde et Léonora, pensez à Dieu, priez-le souvent. Virginie, si tu souffres, viens me trouver. Adieu, Mesdames; adieu, mes compagnes. Adieu, ma chère institutrice; merci pour vos leçons et vos conseils qui m'ont conduite vers Dieu. Adieu, adieu. Pensez quelquefois à la sœur de charité, ou du moins à celle qui va le devenir. Dans peu de jours, le monde sera perdu pour moi; mais je prierai Dieu pour vous. Adieu... Adieu...

Elle part; toutes la regardent.

MATHILDE.

Étrange chose que la destinée!... Décidément Adèle et Laure ont suivi la meilleure route. Léonora, Madame nous montre ce chemin, suivons-le.

LÉONORA.

Oui ; Thérèse a dit adieu au monde, disons adieu à nos folles prétentions.

VIRGINIE, pensive.

Bonne Thérèse ! je me souviendrai du peu de mots que tu m'as dits.

Mme DORSANGE.

Mes enfants, vous avez été à une rude école ; profitez-en. Mathilde et Léonora, renoncez aux arts, sans les abandonner ; ils ont été ingrats pour vous. Vous le voyez, pour des jeunes filles sans fortune, l'instruction est tout ; elle rend leur position honorable, ce qui vaut mieux que d'être brillante. Pour toi, chère Virginie, prends courage ; mais souviens-toi que, s'il est funeste pour une femme de briller par la gloire, il est encore plus funeste de briller par la coquetterie. Rappelons-nous toutes, que pour une femme, le travail ne sert à rien sans modestie, et que pour être heureuse, la meilleure vocation est de ne pas sortir de la sphère où Dieu nous a placées.

Paris.—Typ. Christophe, rue du Plâtre, 11.

www.ingramcontent.com/pod-product-compliance
Lightning Source LLC
Chambersburg PA
CBHW072120090426
42739CB00012B/3026